# BANQUETE

**Dante Alighieri**

# Banquete

Tradução
Ciro Mioranza

Lafonte

Título original: *Il Convivio*
Copyright da tradução © Editora Lafonte Ltda., 2018

Todos os direitos reservados.
Nenhuma parte deste livro pode ser reproduzida sob quaisquer meios existentes sem autorização por escrito dos editores.

**Direção Editorial** *Sandro Aloísio*
**Organização Editorial e Tradução** *Ciro Mioranza*
**Revisão** *Suely Furukawa*
**Diagramação** *Demetrios Cardozo*
**Imagem de Capa** *Dina Saeed / Shutterstock.com*

Dados Internacionais de Catalogação na Publicação (CIP)
(Câmara Brasileira do Livro, SP, Brasil)

```
Alighieri, Dante, 1265-1321.
   O banquete / Dante Alighieri ; tradução
Ciro Mioranza. -- São Paulo : Lafonte, 2018.

   Título original: Convivio.
   ISBN 978-85-8186-306-1

   1. Filosofia I. Título.

18-20162                              CDD-100
```

Índices para catálogo sistemático:

1. Filosofia   100

Iolanda Rodrigues Biode - Bibliotecária - CRB-8/10014

**Editora Lafonte**

Av. Profª Ida Kolb, 551, Casa Verde, CEP 02518-000,
São Paulo-SP, Brasil - Tel.: (+55) 11 3855-2100
Atendimento ao leitor (+55) 11 3855- 2216 / 11 – 3855 - 2213 – *atendimento@editoralafonte.com.br*
Venda de livros avulsos (+55) 11 3855- 2216 – *vendas@editoralafonte.com.br*
Venda de livros no atacado (+55) 11 3855-2275 – *atacado@escala.com.br*

# Índice

Apresentação .................................................................................................. 5
Tratado I ......................................................................................................... 9
Tratado II ...................................................................................................... 35
Tratado III ..................................................................................................... 69
Tratado IV .................................................................................................... 111

## Apresentação

Este livro de Dante Alighieri é uma obra incompleta. De fato, o autor havia projetado uma obra muito vasta, composta de catorze canções comentadas em outros tantos tratados, além de um capítulo introdutório. Na realidade, a obra foi interrompida, reduzindo-se a quatro tratados.

*Banquete* é um livro que, como o próprio título o declara, pretende oferecer um banquete de sabedoria, oferecido sobretudo aos pobres, aos marginalizados da cultura das letras, ao povo simples que, na Idade Média, mal sabia ler ou que gostava de acompanhar leituras interessantes feitas por outros em dias festivos ou mesmo à noite.

Dos três tratados escritos desta obra, no primeiro Dante fala de seu grande amor por Beatriz e outros temas colaterais, mas concentrando seu pensamento na filosofia, verdadeiro amor do homem correto, justo, ponderado, equilibrado, nobre e sensível às coisas mais elevadas. No segundo tratado, Dante faz uma longa e detalhada análise da filosofia, como presença insubstituível na vida do homem. No terceiro tratado, o tema central é a nobreza. Dante estabelece os fundamentos da verdadeira nobreza do homem e critica acerbamente aqueles que defendem a nobreza como simples sinal de linhagem, de estirpe, de descendência de antepassados ilustres.

Apesar de não ter sido concluída segundo o projeto original, *Banquete* parece uma obra completa como está, porquanto cada tratado se configura praticamente como um opúsculo que esgota o tema nele proposto. Embora seja de leitura difícil em certas passagens, o livro é interessante e até mesmo saboroso porque nos faz retroagir até a Idade Média, levando-nos a perceber os valores e defeitos da sociedade dos séculos XIII e XIV, o pensamento da mesma época, o rigoroso silogismo filosófico que dominava os escritos desse período, a problemática linguística (Dante defende as línguas populares que se haviam formado, em detrimento do latim) e outras coisas.

*Banquete* é um elogio e uma crítica. Elogio do amor, da nobreza de alma, do pensamento filosófico, elogio ainda da língua popular que se expande na península itálica, embora sob variadas formas regionais. É uma crítica aberta e dura contra a nobreza medieval de cunho político, contra muitos dos valores estabelecidos pela sociedade medieval, contra a falsa moral da sociedade, contra o desinteresse e menosprezo pelos pobres por parte da mesma sociedade. Acima de tudo, porém, *Banquete* é uma farta mesa de saber, oferecida ao leitor por Dante Alighieri.

*Ciro Mioranza*

# Tratado I

## Capítulo I

Como diz o filósofo no início da Primeira Filosofia [1], todos os homens desejam naturalmente saber. A razão disso é que cada coisa, predisposta pela providência segundo a natureza que lhe é própria, tende naturalmente para sua própria perfeição. Por conseguinte, uma vez que o saber é o último grau de perfeição de nossa alma, saber em que reside nossa suprema felicidade, todos somos por natureza levados a nutrir o desejo dele.

Na verdade, por diversas causas muitos são privados dessa nobre perfeição que, dentro ou fora do homem, o afastam da familiaridade com o saber. Dentro do homem pode haver dois defeitos ou impedimentos: um da parte do corpo, outro da parte da alma. Da parte do corpo ocorre quando os órgãos não correspondem à ordem natural, de modo que nada pode captar, como acontece com os surdos-mudos e outros semelhantes. Da parte da alma ocorre quando a maldade nela vence, de modo que é atraída para os prazeres do vício, sendo tão fortemente envolvida por eles que, em função dos mesmos, descuida qualquer outra coisa.

Fora do homem pode haver igualmente duas causas evidentes: uma corresponde a obrigações objetivas e a outra consiste na pregui-

---

(1) Aristóteles (384-322 a.C.), Metafísica, I, 1.

ça. A primeira consiste no cuidado familiar e civil que envolve necessariamente o maior número dos homens, de modo que não podem dedicar-se à contemplação especulativa. A outra é o defeito do local em que a pessoa nasceu e cresceu, onde geralmente não fica somente privada de qualquer estudo, mas também distante de gente estudiosa.

Duas dessas causas, isto é, a primeira da parte de dentro e a primeira da parte de fora, não devem ser execradas, mas merecem ser desculpadas e são dignas de perdão. As duas outras, uma mais que outra, são dignas de censura e de abominação. Quem prestar atenção pode, portanto, observar com clareza que poucos conseguem atingir a plenitude do ser a que todos aspiram e quase inumeráveis são aqueles que são privados e vivem sempre famintos por esse alimento. Felizes daqueles poucos que podem se sentar à mesa em que se come o pão dos anjos! E infelizes aqueles que se nutrem do mesmo alimento do rebanho!

Quem observar com atenção pode notar de modo evidente que são poucos aqueles que chegam a atingir a plenitude de ser a que todos aspiram e quase inumeráveis aqueles que são impedidos de aí chegar e vivem sempre famintos desse alimento. Felizes daqueles que tomam lugar a essa mesa onde se prova o pão dos anjos. Infelizes aqueles que se satisfazem com o alimento comum do rebanho.

Como, porém, todo homem é naturalmente amigo do homem e como cada amigo sofre com a falta daquele que ama, aqueles que se alimentam em tão sublime mesa não são sem compaixão que observam, na verdade, aqueles que em pastagens de animais se alimentam de ervas e bolotas. Por isso é que a compaixão é mãe de benefícios e aqueles que sabem dispensam sempre com liberalidade de sua boa riqueza aos verdadeiros pobres, tornando-se como fonte viva cuja água aplaca a sede natural que foi há pouco mencionada.

E eu, portanto, que não me sento à bem-aventurada mesa, mas, fugindo das pastagens do rebanho, aos pés daqueles que estão sentados recolho as migalhas que caem e observo a mísera vida daqueles que ficaram para trás, por meio da suavidade que provo daquilo que aos poucos vou recolhendo, movido por uma especial compaixão, não me esquecendo de mim mesmo, reservei alguma coisa para os miseráveis que, a seus olhos, já há mais tempo demonstrei em favor deles. Com isso lhes transmiti mais ânimo.

Por essa razão, querendo agora ser-lhes útil, pretendo preparar um grande banquete daquilo que lhes mostrei e daquele pão especial para semelhante banquete, sem o qual não poderia ser por eles apreciado. Esse banquete é aquele digno desse pão e oferecido com esse alimento que espero que não seja ministrado em vão. Entretanto, que aquele que estiver indisposto evite participar dele, uma vez que não teria nem dentes, nem língua, nem paladar para tanto. Nem algum cultor de vícios, porque seu estômago está repleto de humores venenosos contrários que impediriam a digestão do alimento.

Aproxime-se, porém, todo aquele que permaneceu na fome humana por causa das preocupações familiares ou civis e se acomode a uma mesa com os outros de igual modo impossibilitados. A seus pés sejam dispostos todos aqueles que se abstiveram por preguiça, que não são dignos de tomar assento tão elevado. Tanto os primeiros quanto estes últimos tomem de meu alimento com pão que a eles darei a provar e a tolerar.

O alimento deste banquete será disposto em catorze modalidades, isto é, em catorze canções, cujo conteúdo consistirá tanto de amor como de virtude. Essas, sem o presente pão, teriam alguma sombra de obscuridade, de tal modo que para muitos haveriam de ressaltar sua beleza antes que sua utilidade. Este pão, contudo, ou seja, a presente disposição, será a luz que iluminará qualquer aspecto de seu significado.

Se na presente obra, intitulada Banquete, pretendo que tenha como resultante um tratamento mais maduro que em *Vita Nuova*, não pretendo, no entanto, desmentir esta última em parte alguma, mas com a presente favorecer de modo mais evidente aquela. Desse modo, notando que convém que aquela seja de forma razoável férvida e apaixonada e esta, moderada e madura. Isso porque convém dizer e realizar numa idade diversamente que em outra, porque certos costumes são idôneos e louváveis numa idade, mas são impróprios e lastimáveis em outra, como mais adiante, no quarto capítulo deste livro será devidamente mostrado, e como naquela obra anterior falei, entrando na minha juventude, nesta falo agora, com aquela juventude já ultrapassada. Por isso, ainda que minha verdadeira intenção fosse outra do que aquela que externamente mostram as mencionadas canções, pretendo ilustrá-las segundo uma exposição alegórica, seguindo uma digressão literal, de modo que uma e outra darão sabor especial para aqueles que a esta ceia são convidados. Rogo a todos estes que, se o banquete não for tão esplêndido quanto convém ao solene convite, que toda falha não seja imputada a meu desejo, mas à minha capacidade. Na verdade, o que se segue é minha vontade de plena e amável liberalidade.

# Capítulo II

No início de todo banquete bem organizado, os serventes costumam tomar o pão preparado e depurá-lo de toda mancha. Por isso eu, na presente obra, tomo o lugar deles e pretendo depurar de duas manchas primeiramente esta exposição que, como pão é representada em meu serviço.

Uma é que falar de si mesmo parece não ser lícito; a outra é que falar expondo de modo demasiado profundo parece não ser razoável. E o ilícito e não razoável, a faca de meu juízo elimina dessa forma. Os retóricos não concedem que alguém fale de si mesmo sem motivo necessário e disso o homem é dissuadido porque não se pode falar de alguém, a não ser que o falante elogie ou critique aquele de quem fala. Essas duas hipóteses calham como uma vilania na boca de qualquer um.

E para dirimir uma dúvida que aqui surge, digo que é pior criticar do que elogiar, no caso em que nem um nem outro seja conveniente fazer. A razão é que qualquer coisa que se tenha que recriminar é mais torpe que outra que o seja por um fator externo.

Desprezar a si mesmo é por si próprio lastimável, mas ao amigo o homem deve confiar seu defeito reservadamente e ninguém é mais amigo que o homem para consigo mesmo. Por isso, no recinto de seus pensamentos, deve considerar-se a si mesmo e chorar seus defeitos e não, de maneira aberta. Mais ainda, o homem não é recriminado na maioria das vezes por não poder e não saber comportar-se, mas o é sempre por não querer, porque no querer e no não querer nosso é julgada a maldade e a bondade. Quem, no entanto, se recrimina a si mesmo tem como certo conhecer seu defeito, tem como evidente não ser bom; por isso é melhor deixar de falar de si mesmo, queixando-se.

Elogiar-se a si mesmo deve ser evitado como um mal relacionado com uma situação, porquanto não se pode elogiar sem que esse elogio não se torne sobretudo vitupério. É elogio na aparência, mas se analisado em sua essência é vitupério, porque as palavras são feitas para mostrar aquilo que não se sabe; por conseguinte, aquele que se elogia a si mesmo demonstra que não acredita ser bem considerado. Isso não lhe aconteceria se não tivesse consciência de alguma falha e, por isso, ao elogiar-se, descobre e, descobrindo, se lastima.

Além disso, o próprio elogio e a própria recriminação devem ser evitados igualmente por uma razão como se fosse prestar falso testemunho, porque não há ninguém que seja árbitro verdadeiro e imparcial de si mesmo, uma vez que a própria caridade o engana. Por isso acontece que cada um tem em seu julgamento as medidas do falso mercador que compra com uma e vende com outra medida e cada um se empenha com grande medida fazer o mal e, com pequena, fazer o bem, de modo que o número, a quantidade e o peso do bem lhe parece que tenha sido pesado com justa medida e aquele do mal, não. Por isso, ao falar de si próprio, bem ou mal, ou contradiz o argumento a que se refere ou deve necessariamente contradizer o juízo de si mesmo, porquanto esse mesmo juízo já contém as duas contradições. Por isso, considerando que consentir é confessar, comete vilania quem elogia ou critica na cara alguém, porque aquele que foi julgado de tal modo não pode nem confirmar nem negar, sem incidir em culpa de elogiar-se ou de recriminar, salvo o caso em que é necessário fazer uma devida correção, coisa que não pode ocorrer sem condenar o próprio erro, e salvo ainda o caso em que é necessário prestar a devida honra e elogia, o que não pode ocorrer sem mencionar as obras virtuosas e as qualidades virtuosamente adquiridas.

Na verdade, tornando ao tema principal, distingo, como falei há pouco, as ocasiões em que se concede falar de si próprio. Entre as causas necessárias, duas são mais evidentes. Uma é quando sem falar de si próprio não se pode evitar grande infâmia ou perigo. Então se concede pelo motivo que, de duas vias tomar a menos ruim, é quase tomar uma boa. E esta necessidade impeliu Boécio a falar de si mesmo, quando para seu próprio consolo acusava a perpétua infâmia de sua prisão, mostrando que era injusta, pois que ninguém mais aparecia em sua defesa.

A outra é quando, ao falar de si, decorre grande utilidade para doutrinação de outros. Esta razão impeliu Agostinho em suas *Confissões* a falar de si próprio, porque, através do processo evolutivo de sua vida, que passou de não bom para bom, de bom para melhor e de melhor para ótimo, deu exemplo e doutrinação que não poderia ter sido recebida senão por meio de testemunho tão elevado. Se uma e outra dessas razões são plausíveis, o pão de meu trigo é depurado de modo suficiente de sua primeira mácula.

Impele-me o temor de má fama e o desejo de transmitir meu saber que ninguém, na verdade, poderia transmitir. Receio a má fama de ter seguido tamanha paixão quanto pode imaginar aquele que lê as mencionadas canções, paixão que pode ter-me dominado sobremodo. Essa má fama será totalmente descartada por aquilo que haverei de expor, o que haverá de mostrar que o motivo que me impeliu para tanto não foi a paixão, mas a virtude. Pretendo também mostrar a verdadeira opinião daquelas coisas que muitos não haveriam de captar se eu não a revelasse, porque está oculta sob a forma de alegoria. E isso não haverá de conferir somente atração especial para ouvir, mas sutil adestramento para repetir e entender as palavras de outrem.

## Capítulo III

Digna de severa repreensão é aquela coisa que, articulada para emendar determinado defeito, acaba por provocá-lo. Como aquele que fosse mandado para apartar uma briga e, antes de apartar os contendentes, iniciasse outra. Porquanto meu pão está depurado de um lado, convém depurá-lo de outro para evitar essa recriminação, porque meu escrito, que poderia ser considerado como um comentário, está organizado para eliminar o defeito das canções mencionadas e isso, por vezes e em algumas passagens, não será por si mesmo tão fácil. Essa dificuldade está presente, não por ignorância, mas para evitar um defeito maior.

Ai! Que tivesse sido do agrado do dispensador do universo que não se tivesse jamais verificado meu exílio, causa de todos os meus males! Porque nem outros contra mim se teriam equivocado, nem eu teria sofrido pena de modo injusto, quero dizer, a pena do exílio e da pobreza, porquanto foi do agrado dos cidadãos da belíssima e famosíssima filha de Roma, Florença, expulsar-me de seu doce aconchego – no qual nasci e fui nutrido até a plenitude de minha vida e no qual, com a boa vontade daquela, desejo de todo o coração repousar a alma cansada e terminar o tempo que me é concedido – e fui vagando por quase todos os lugares em que se fala nossa língua, peregrino, quase mendigando, mostrando contra minha vontade a chaga da sorte que muitas vezes costuma ser injustamente imputada ao chagado.

Realmente me senti como barco sem vela e sem destino, impelido para diversos portos, fozes e litorais pelo vento seco que açoita a dolorosa pobreza. Apareci aos olhos de muitos que, talvez por causa de uma certa notoriedade minha, me haviam imaginado de forma bem diversa. Aos olhos deles, não somente minha pessoa aparecia amesquinhada, mas até minhas próprias obras, aquelas já compostas como as futuras, perderam prestígio. A causa faz que isso ocorra – não somente em mim, mas em todos – brevemente ou a quem deve tocar; primeiro, porque a consideração vai muito além da verdade e, depois, porque a presença leva a reduzir a verdade. A boa fama é gerada principalmente na mente do amigo por ações virtuosas e dela primeiramente nasce, porque a mente do inimigo, mesmo que receba a semente, não germina.

Aquela mente que por primeiro a gera, tanto para embelezar seu presente, como pela caridade para com o amigo que o recebe, não se mantém nos limites da verdade, mas os ultrapassa. E quando para embelezar o que diz os ultrapassa, fala contra a consciência; quando o engano da caridade os faz ultrapassar, não fala contra ela. A segunda mente que recebe isso, non somente se contenta com a dilatação da primeira, mas ao utilizá-la, como que por um efeito seu, procura embelezá-la; ao agir assim e por causa do engano que recebe da caridade nela gerada, torna-a mais ampla do que devia ser, com concórdia e com discórdia de consciência como a primeira. E assim faz a terceira mente que a recebe, assim a quarta e assim se dilata ao infinito.

Desse modo, tomando as causas mencionadas ao contrário, pode-se constatar a razão da má fama que, de maneira semelhante, cresce continuamente. Por isso Virgílio diz no quarto livro da Eneida que a fama vive para ser móvel e adquire grandeza ao difundir-se. Claramente pode ver, portanto, quem quiser que a imagem da fama gerada se torna sempre mais ampla, qualquer que seja, que não é a coisa imaginada em sua verdadeira condição.

## Capítulo IV

Tendo mostrado antes a razão pela qual a fama dilata o bem e o mal além de sua verdadeira dimensão, resta neste capítulo mostrar aquelas razões levam a constatar porque a presença age de modo contrário. Mostradas essas, poder-se-á facilmente verificar o propósito principal, ou seja, a recriminação exposta anteriormente.

Afirmo, portanto, que por três causas a presença torna a pessoa de menor valor do que realmente possui. Uma é a puerilidade, não de idade, mas de ânimo; a segunda é a inveja – e estas residem naquele que julga; a terceira é a imperfeição humana que reside naquele que é julgado.

A primeira pode ser assim brevemente desenvolvida. A maior parte dos homens vive segundo os sentidos e não segundo a razão, ao modo de crianças. Esses não conhecem as coisas senão superficialmente por seu exterior e sua bondade, ordenada a específico fim, não a captam, porquanto têm os olhos da razão fechados que seriam adequados a percebê-lo. Por isso veem antes tudo aquilo que podem e julgam segundo seu modo de ver. E como, por ter ouvido, se formam uma vaga ideia da fama de outrem, em cuja presença discorda com o imperfeito juízo que não segundo a razão mas somente segundo os sentidos julgam, considerando quase mentira aquilo que antes haviam ouvido e passam a desprezar a pessoa que antes admiravam. Por isso, segundo esses, que são infelizmente quase todos, a presença restringe tanto o prestígio quanto a má fama. Esses passam logo da fome à saciedade, muitas vezes estão alegres e muitas vezes tristes com efêmeras alegrias e tristezas, passam logo de amigos para inimigos, fazendo tudo como crianças, sem uso da razão.

A segunda se constata por estas razões. Igualdade de condições naqueles que têm vícios é causa de inveja, e inveja é causa de mau juízo, mas que não deixa a razão argumentar sobre a coisa invejada e o poder julgador é então aquele juiz que ouve somente uma das partes. Por isso, quando esses veem a pessoa famosa, tornam-se imediatamente invejosos, porquanto se consideram membros iguais e de igual poder, temendo, por causa da excelência desse, serem menos prestigiados. E esses, vencidos pela paixão, não somente julgam mal, mas, difamando, levam os outros a julgar mal. Por isso nesses a presença restringe o bem e o mal em cada um que se apresenta. Digo o mal porque muitos, encontrando prazer em fazer o mal, provocam a inveja daqueles que fazem o mal.

A terceira é a imperfeição humana, da parte daquele que é julgado, que não deixa de ser familiar e muito comentada. Como evidência desta, sabe-se que o homem é de muitas formas maculado e, como diz Agostinho, "ninguém está sem mácula". Quando o homem é maculado por uma paixão, à qual por vezes não consegue resistir; quando é maculado por alguma deformidade num membro; quando é maculado por algum golpe do destino; quando é maculado pela má fama de parentes ou de alguém próximo a ele; essas coisas não são levadas pela fama, mas pela presença e vêm à tona com o frequentar-se. Essas máculas lançam alguma sombra sobre a clareza da bondade, de tal modo que a fazem parecer menos clara e menos valiosa. E é por isso que todo profeta é menos prestigiado em sua pátria; é por isso que o homem bom deve mostrar-se com sua presença a poucos e permitir menos ainda a familiaridade, a fim de que seu nome seja conhecido, mas não desprezado. Esta terceira causa pode configurar-se tanto no mal quanto no bem, se os termos da questão forem invertidos. Pode-se observar com toda a evidência que por imperfeição, sem a qual não há ninguém, a presença restringe o bem e o mal em cada um para além dos limites da verdade.

Por isso, como disse antes, pelo fato de ter-me apresentado a quase todos os itálicos, acabei por tornar-me mais vil talvez do que correspondesse à verdade, não somente para aqueles aos quais minha fama já tinha chegado, mas também aos outros e, por conseguinte, todas as coisas que dizem respeito a mim, sem dúvida, juntamente comigo foram depreciadas. Convém agora que, na presente obra, utilize um estilo mais solene que lhe confira um pouco de gravidade, de modo que adquira maior autoridade. E essa minha tentativa reparadora seja similar à dificuldade de minha obra.

## Capítulo V

Uma vez este pão depurado das máculas acidentais, resta a escusá-lo de um substancial, ou seja, de ser língua popular e não língua latina, o que, por analogia, se poderia dizer de grãos em geral e não de trigo. Disso o escusam facilmente três razões que me impeliram a escolher um em vez do outro. A primeira provém da cautela em não discorrer de modo incongruente; a segunda, do ímpeto da generosidade; a terceira, do natural amor à própria fala. Pretendo desenvolver o raciocínio de tal forma e em tal ordem para esclarecer quanto dito, justificando tudo aquilo que poderia ser recriminado por estar em desacordo com a motivação.

O que mais embeleza e recomenda a atividade humana e que a conduz imediatamente a bom termo é o hábito daquelas disposições que tendem para o fim determinado, da mesma forma como é direcionada ao objetivo da cavalaria a franqueza de ânimo e a força do corpo. Assim, aquele que se predispõe ao serviço de outro deve ter aquelas disposições que tendem para aquele fim, tais como submissão, conhecimento e obediência, sem as quais ninguém tem predisposição para bem servir, porque, se não estiver sujeito a cada uma das condições, sempre com fatiga e com dificuldade procede em seu serviço e raras vezes nele continua; e se não for [conhecedor das necessidades de seu patrão e não lhe for] obediente, nunca vai servir senão a seu capricho e a sua vontade, o que é mais serviço de amigo do que de servo.

Para evitar, portanto, essa desordenação, convém a este comentário, que faz as vezes de servo para as canções escritas mais adiante, estar sujeito àquelas em cada uma de suas condições e ser conhecedor das necessidades de seu senhor, além de ser a ele obediente. Todas essas disposições lhe faltariam se fosse latim e não língua popular, porquanto as canções estão em língua popular. Em primeiro lugar, porque não era súdito mas soberano, por nobreza, por virtude e por beleza. Por nobreza, porque o latim é perpétuo e não corruptível, e o popular é instável e corruptível. Por isso vemos nos escritos antigos das comédias e tragédias latinas, que não podem ser modificadas, o mesmo que temos hoje, o que não ocorre com a língua popular que é modificado segundo os gostos. Por isso vemos que nas cidades da Itália, se observarmos bem, de cinquenta anos até agora muitos vocábulos desapareceram e variados outros surgiram e, portanto, se em pouco tempo tanto se modifica, muito mais se haverá de modificar em tempo maior. Desse modo afirmo que, se aqueles que partiram desta vida há mil anos voltassem para suas cidades, acreditariam que sua cidade fosse ocupada por estrangeiros, por causa da língua discordante da deles. A respeito disso se falará de modo mais completo em outro local, num pequeno livro que pretende escrever, se Deus quiser, sobre a Língua Popular[2].

Além disso, não era súdito mas soberano por virtude. Cada coisa é virtuosa em sua natureza que faz aquele a que ela é ordenada; e quanto melhor o fizer, tanto mais é virtuosa. Por isso chamamos homem virtuoso aquele que vive vida contemplativa ou ativa, à qual tende naturalmente; chamamos de cavalo virtuoso aquele que corre bem e muito, para o que tende naturalmente; chamamos de espada virtuosa aquela que corta bem as coisas duras e para o que é preparada. Assim o dis-

---

(2) Anúncio da obra que Dante haveria de publicar, a De Vulgari Eloquentia.

curso, que é ordenado para manifestar o pensamento humano, é virtuoso quando faz isso e mais virtuoso é aquele que mais o faz. Por isso é que o latim manifesta muitas coisas na mente que a língua popular não consegue, de modo que aqueles que conhecem ambas as línguas, sabem que a virtude do latim é bem superior àquela da língua popular.

Além disso, não era súdito mas soberano por beleza. O homem diz ser bela aquela coisa cujas partes se correspondem de maneira devida, de tal modo que sua harmonia agrada. Por isso parece que o homem é belo, quando seus membros se correspondem em perfeita harmonia. Dizemos que o canto é belo quando as vozes dele estão entre si em harmonia segundo as regras da arte. É, portanto, mais bela aquela língua em que as palavras se correspondem em harmonia; e mais harmoniosamente se correspondem no latim do que na língua popular; por conseguinte, o popular segue o uso e o latim, a arte. Disso decorre ser mais belo, mais virtuoso e mais nobre. Por isso se conclui a principal colocação, isto é, que não teria sido súdito das canções, mas soberano.

## Capítulo VI

Tendo mostrado como o presente comentário não teria sido súdito das canções em língua vulgar se tivesse sido escrito em latim, resta a mostrar como não teria sido conhecedor daquelas, nem obediente a elas. Depois, se poderá concluir porque, para evitar inconvenientes desordenações, foi necessário adotar a língua popular.

Afirmo que o latim não teria sido servo conhecedor do senhor popular por essa razão. O conhecimento do servo requer conhecer sobretudo duas coisas perfeitamente. A primeira é a natureza do senhor. De fato, há senhores de natureza tão asinina que mandam o contrário daquilo que querem e outros que, sem nada dizer, querem ser entendidos, e outros ainda que não querem que o servo tome a iniciativa para fazer o que é necessário, se não o mandarem. E porque existem essas variações nos homens não é minha intenção mostrá-lo agora, porquanto ampliaria em muito a digressão. Digo somente por enquanto que em geral esses são como animais, para os quais a razão é pouco útil. Por isso, se o servo não conhece a natureza de seu senhor, é óbvio que não pode servi-lo perfeitamente. A segunda coisa é que convém ao servo conhecer os amigos de seu senhor, do contrário não poderia prestar-lhes honra nem servi-los e, assim, não haveria de servir perfeitamente a seu senhor. Tendo presente que os amigos são como que partes de um todo, todos se reconhecem num único querer e num único não querer.

Nem o comentário latino teria tido conhecimento dessas coisas, como a própria língua popular o possui. Que o latim não seja conhecedor da língua popular, prova-se da seguinte forma. Aquele que conhece alguma coisa de modo genérico, não a conhece perfeitamente. Como se alguém reconhece de longe um animal, não o conhece perfeitamente, porque não sabe se é um cão ou um lobo ou um bode. O latim conhece a língua popular de modo genérico, mas não em profundidade, porque se o conhecesse profundamente, conheceria todas as línguas populares, porquanto não faria sentido que conhecesse uma mais que a outra. E assim, qualquer um que dominasse perfeitamente o latim, deveria ter igualmente o mesmo conhecimento de todas as línguas populares. Mas não é assim, porquanto um conhecedor do latim não distingue, se for italiano, a língua popular inglesa da alemã; nem o alemão haverá de distinguir a língua popular itálica da provençal. Por conseguinte, o latim não é conhecedor da língua popular.

Além disso, não é conhecedor de seus amigos, porquanto não é possível conhecer os amigos se não conhece o principal. Por conseguinte, se o latim não conhece a língua popular, como foi provado há pouco, é impossível que ele conheça seus amigos. Além do mais, sem conversa ou familiaridade é impossível conhecer os homens e o latim não mantém conversação com tantos em alguma região, como com quantos a língua popular mantém com aqueles da mesma região, de cuja língua todos são amigos; por conseguinte, o latim não pode conhecer os amigos da língua popular. E não é contradição dizer que o latim pode manter conversação com alguns amigos da língua popular, mas que não é familiar a todos e, portanto, não é conhecido com perfeição pelos amigos, pois implica um conhecimento perfeito e não, aproximativo.

## Capítulo VII

Depois de provar que o comentário latino não teria sido servo conhecedor, provarei como não teria sido obediente. Obediente é aquele que possui a boa disposição chamada obediência. A verdadeira obediência deve ter três coisas, sem as quais não pode subsistir: deve ser doce e não amarga; inteiramente comandada e não espontânea; com medida e não desmesurada.

Era impossível para o texto latino ter essas três coisas e, portanto, era impossível para ele ser obediente. Que para o latim tivesse sido impossível, como de fato o é, manifesta-se por esta razão. Tudo aquilo que da inversão da ordem é artificial e atormentada e, por conseguinte, amargo e não doce, como dormir de dia e vigiar à noite, como caminhar para trás e não para a frente. O súdito comandar e ao soberano procede de ordem inversa – porque ordem correta é o soberano comandar ao súdito – e assim é amargo e não doce. Porque é impossível obedecer docemente ao comando amargo, impossível é também ser doce a obediência do soberano quando o súdito comanda. O latim, portanto, é o soberano da língua popular, como foi mostrado por variadas razões há pouco, e as canções, que revestem a condição de comando, estão em língua popular e, portanto, é impossível que sua obediência seja doce.

Além disso, a obediência é então inteiramente comandada e de modo algum espontânea, quando aquele que faz obedecendo não o teria feito sem comando, por sua vontade, nem tudo nem em parte. Por isso, se me fosse ordenado vestir dois sobretudos e, sem ordem de alguém, eu vestisse somente um, digo que minha obediência não é inteiramente comandada, mas em parte espontânea. Semelhante seria aquela do comentário latino e, por conseguinte, não teria sido obediência comandada inteiramente. Que tenha sido assim, transparece pelo seguinte: o latim, sem o mando desse senhor, teria exposto toda uma série de conceitos – e a expõe, para quem entende bem os escritos latinos – que na língua popular não o faz em parte alguma.

Mais ainda, a obediência se configura com medida e não desmesurada, quando vai até os limites do mando e não mais além. Assim como a natureza particular é obediente à universal, quando confere trinta e dois dentes ao homem, nem mais nem menos e quando confere cinco dedos à mão, nem mais nem menos; assim também o homem é obediente à justiça quando faz pagar a dívida da pena, nem mais nem menos do que a justiça manda, ao culpado. Não só isso teria feito o latim, mas teria desobedecido não somente por falta ou por excesso, mas em ambas as coisas ao mesmo tempo. Desse modo, sua obediência não teria sido com medida, mas desmesurada e, por conseguinte, não teria sido obediente.

Que o latim não tivesse sido cumpridor do comando de seu senhor e que tivesse excedido a ele, facilmente pode ser mostrado. Este senhor, isto é, estas canções, para as quais este comentário é servo delas, comandam e querem ser expostas a todos aqueles cujo intelecto tem a capacidade de cultivá-las e que, quando falam, possam ser entendidas; ninguém duvida, se elas pudessem dar de viva voz suas ordens, que esse seria seu comando. O latim, porém, não as teria exposto senão aos literatos, porque os outros não as teriam entendido. Por isso ordena que aqueles que desejam entender aquelas sejam muito mais não literatos que literatos, disso decorrendo que seu comando não seria pleno como língua popular, se fosse entendida mais pelos literatos do que pelos não literatos.

O latim as teria exposto também a gente de outras línguas, como aos alemães, aos ingleses e outros, e aqui teria ultrapassado a ordem delas, porque, contra sua vontade, falando em sentido amplo, seus conceitos teriam sido expostos em local onde elas não os poderiam oferecer com toda a sua beleza. De fato, saibam todos que nenhuma coisa tornada bela por meio da poesia pode ser transferida de sua língua para outra, sem romper toda a suavidade e harmonia. Esta é a razão pela qual Homero não foi transferido do grego para o latim, como as outras obras que temos deles. Esta é razão pela qual os versos do saltério são desprovidos de suavidade musical e de harmonia, porquanto foram transferidos do hebraico para o grego e do grego para o latim e, na primeira transferência, foi perdida toda aquela suavidade. Assim se conclui o que foi prometido no início deste capítulo com relação a essas coisas.

## Capítulo VIII

Quando é demonstrado pelas suficientes razões como, para evitar inconvenientes desordens, conviria expor e comentar as mencionadas canções, comentando-as em língua popular e não em latim, pretendo mostrar ainda como imediata liberalidade me levou escolher aquela e deixar este. Pode-se, portanto, notar a pronta liberalidade em três coisas que seguem esta língua popular, mas que não teriam seguido o latim. A primeira é dar a muitos; a segunda é dar coisas úteis; a terceira é dar o presente sem que seja pedido.

Dar a alguém e ser-lhe útil é bom, mas dar a muitos e ser-lhes útil é muito melhor, porquanto se aproxima da semelhança dos benefícios de Deus que é benfeitor universalíssimo. E ainda, dar a muitos é impossível sem dar a um em particular, uma vez que um está incluído entre muitos, mas dar a um só pode-se muito bem, sem dar a muitos. Quem é útil a muitos, porém, faz tanto um quanto o outro bem; aquele que é útil a um só, faz somente um bem. Por isso, observamos que os legisladores, ao formular as leis, têm a máxima consideração somente para o bem comum. Além disso, dar coisas que não são úteis a alguém é em si um bem, enquanto aquele que dá mostra pelo menos ser amigo, mas não é um bem perfeito e, desse modo, não é adequado, como, por exemplo, quando um cavaleiro dá um escudo a um médico e quando um médico dá a um cavaleiro o livro dos *Aforismas* de Hipócrates ou a *Arte Médica* de Galeno[3]. Isso porque aos sábios a aparência do presente deve ser semelhante àquela do presenteado, querendo com isso dizer que lhe seja conveniente e útil. Nisso está a adequada liberalidade daquele que assim discerne ao doar. Como, porém, as razões morais costumam suscitar o desejo de saber sua origem, pretendo mostrar brevemente neste capítulo quatro motivos necessários para que o dom, a fim de ser considerado de adequada liberalidade, seja útil a quem o recebe.

Em primeiro lugar, a virtude deve ser alegre e não triste em qualquer atividade. Por isso, se o dom não é alegre ao ser dado e ao ser recebido, nele não existe virtude perfeita, adequada. Esta alegria não oferece outra coisa senão utilidade que permanece no doador ao dar e naquele que recebe ao receber. No doador, portanto, deve haver a precaução para que de sua parte permaneça a utilidade da honestidade, que está acima de qualquer utilidade, e para que ao recebedor seja destinada a utilidade do uso da coisa doada. Desse modo, um e outro estarão contentes e, por conseguinte, a liberalidade será mais adequada.

Em segundo lugar, porém, a virtude deve impelir as coisas sempre para o melhor. Assim como seria lastimável usar uma bela espada como enxada ou de uma bela guitarra fazer um recipiente, assim também é lastimável transferir uma coisa de um local em que é útil para outro em que é menos útil. Sendo lastimável realizar gestos inúteis, da mesma forma lastimável é não somente colocar a coisa

---

[3] Hipócrates (460-377 a.C), sábio e médico grego, fundador de célebre escola de medicina. Galeno (129-201 d.C.), natural de Pérgamo, transferiu-se para Roma, onde fundou uma escola de medicina. Foi médico do imperador Marco Aurélio.

em local em que é menos útil, mas também em local em que possa ser igualmente útil. Por isso, para que seja louvável a transferência das coisas, convém que seja feita sempre para o melhor, a fim de que seja louvável ao extremo. Isso não pode ser feito com o presente, se o mesmo, com a transferência, não se tornar mais caro; nem mais caro pode tornar-se, se não for mais útil ao uso do recebedor do que do doador. Desse modo, conclui-se que convém que o dom seja útil a quem o recebe, para que nele subsista adequada liberalidade.

Em terceiro lugar, a ação da virtude em si deve ser conquistadora de amigos, uma vez que nossa vida tem necessidade disso, e o fim da virtude é tornar nossa vida feliz. Para que, portanto, o presente torne amigo o recebedor, convém que seja um dom útil, porquanto a utilidade imprime na memória a imagem do presente, imagem que nutre a amizade. E tanto mais forte será, quanto melhor. Por isso Martinho costuma dizer: "Não sairá de minha memória o presente que João me deu". Para que no dom subsista sua virtude, que é a liberalidade, e para que ela seja adequada, convém que seja útil para quem recebe.

Em último lugar, a virtude deve configurar-se como ato livre e não coagido. Ato livre é quando uma pessoa vai de boa vontade para algum lugar, que é mostrado ao manter o rosto voltado para aquele local; ato coagido é contra a vontade que se vai e que é mostrado ao não dirigir o olhar para o local para onde se vai. Então o presente é voltado para aquele local, quando é voltado a satisfazer as necessidades de quem o recebe. Voltar-se para ele, porém, não pode se não for útil. Convém, portanto, para que surja com ato livre a virtude, que o dom seja útil para o local para onde vai, que é o recebedor; e, por conseguinte, convém que subsista no dom a utilidade para o recebedor, a fim de que seja portanto adequada liberalidade.

A terceira coisa, na qual se pode observar a adequada liberalidade, é dar sem ter sido pedido, a partir do momento em que aquilo que é pedido por um lado não é virtude, mas mercadoria que o recebedor compra, embora o doador não venda. Por isso Sêneca diz que "nenhuma coisa mais cara é comprada do que aquela em que não subsistem súplicas". Para que, portanto, exista no dom adequada liberalidade e que possa ser nele observada, convém que esteja isento de qualquer ato que relembre mercadoria, convém que o presente não seja pedido. Porque, se custa caro aquilo que se suplica, não pretendo comentar aqui a respeito, uma vez que será comentado de modo suficiente no último tratado deste livro.

# Capítulo IX

O comentário latino estaria distante das três condições mencionadas que concorrem para que subsista no benefício a adequada liberalidade, enquanto a língua popular condiz com elas, como se pode verificar de maneira evidente.

O latim não teria servido desse modo a muitos, porque se for lembrado o que foi descrito anteriormente, os literatos estranhos à língua itálica não poderiam ter usufruído desse serviço, e aqueles desta língua, se quisermos realmente ver quem são, encontraríamos que dentre mil um só razoavelmente não teria sido servido. Entretanto, mesmo que não o tivessem recebido, estão sempre prontos pela avareza que os distancia de toda nobreza de alma que deseja com extrema ansiedade esse alimento. Para sua vergonha, digo que não devem ser chamados literatos, uma vez que não cultivam as letras para seu uso, mas com o objetivo de auferir dinheiro ou dignidade, da mesma forma que não se deve chamar guitarrista aquele que mantém a guitarra em casa para emprestá-la a pagamento e não, para usá-la para tocar.

Retornando, portanto, ao propósito principal, afirmo que efetivamente pode-se notar que o latim teria beneficiado a poucos, mas a língua popular servirá verdadeiramente a muitos. Porque a bondade de ânimo que este serviço espera está naqueles que, por causa da desordem que acometeu a sociedade, deixaram a literatura para aqueles que a transformaram em meretriz. São muitos os nobres, entre príncipes, barões, cavaleiros e muitos outros nobres, não somente homens mas também mulheres, são muitos e muitas na língua que se utilizam da fala popular e não são literatos.

Além do mais, o latim não teria sido doador de dom útil, como o será a língua popular. Como, porém, nenhuma coisa é útil, se não é usada, nem sua bondade é potencial, uma vez que a potência não é um ser completo; assim como o ouro, as pérolas e outros tesouros que estão enterrados...; assim também aqueles que estão nas mãos do avarento estão no mais baixo lugar que não é a terra que contém o tesouro escondido. Na verdade, o dom deste comentário é o significado das canções que o contém e que pretende com máximo empenho induzir os homens à ciência e à virtude, como se poderá constatar no enredo de seu tratado. Este significado não pode dele fazer uso senão aqueles que possuem a verdadeira nobreza, da maneira como se haverá de descrever no quarto tratado; e estes são quase todos de extração popular, como aqueles nobres que foram mencionados há pouco neste capítulo. Não há contradição pelo fato de nenhum literato fazer parte deles, porque, como diz meu mestre Aristóteles, no primeiro livro da *Ética*, "uma andorinha não faz primavera". É evidente, portanto, que a língua popular dará coisa útil, o que o latim não teria conseguido dar.

Além disso, a língua popular dará um dom não pedido, o que o latim não o teria dado, uma vez que dará a si mesmo como comentário, que jamais foi solicitado por ninguém. E isto não pode ser dito do latim que como comentário e como glosa a muitas obras já foi solicitado, como claramente se pode verificar na introdução de muitas delas. Assim, é evidente que adequada liberalidade me impeliu para a língua popular antes que para o latim.

## Capítulo X

Grande justificativa deve produzir-se quando a tão nobre banquete por suas iguarias, a tão honroso por seus convidados, se oferece pão de grãos e não de trigo; e deverá se tornar evidente argumento que justifique aquele que se afasta daquilo que os outros por tanto tempo observaram, qual seja, comentar em latim. Entretanto, a razão deve ser evidente, porque ao introduzir coisas novas, seu êxito é incerto. De fato, falta a experiência para a qual estão ao contrário relacionadas, seja no processo como nas consequências, as coisas habituais e tradicionais. A razão contudo decidiu ordenar ao homem que tivesse diligente cuidado ao entrar no novo caminho, dizendo que "ao estatuir as coisas novas deve ser evidente a razão que leve a se afastar daquele que foi longamente palmilhado".

Que ninguém se surpreenda, portanto, se a digressão de minha justificativa for longa, mas como é necessária, que pacientemente tolere a delonga. Prosseguindo, digo que – porquanto é evidente como para evitar inconveniente desordem e como por adequação de liberalidade, decidi pelo comentário em língua popular e deixei o latim – a ordem da justificativa inteira quer que eu mostre como a isso me defini pelo natural amor da própria fala, que é a terceira e última razão que me moveu a isso. Digo que o amor natural impele principalmente o amante a três coisas: uma é exaltar o amado; a outra é ter ciúmes dele; a terceira é defendê-lo, como todos podem ver acontecer continuamente. Estas três coisas me levaram a tomá-lo, isto é, nosso idioma popular, que natural e acidentalmente amo e amei.

Em primeiro lugar me defini por exaltá-lo. Por essa razão pode-se ver por que o exalto. As coisas podem se tornar e dizer grandes por meio de diversas ordens de grandeza e nada torna tão grande quanto a grandeza da própria bondade que é mãe e conservadora das outras grandezas. Por isso nenhuma grandeza maior pode ter o homem do que a virtuosa atividade, que é sua própria bondade, por meio da qual são conquistadas e conservadas as grandezas das verdadeiras dignidades, das verdadeiras honras, do verdadeiro poder, das verdadeiras riquezas, dos verdadeiros amigos, da verdadeira e ilustre fama. Esta grandeza confiro a este amigo, porquanto, ao usá-lo, torno evidente e atual tudo aquilo que ele possuía em oculto, mas potencialmente válido, que é exprimir as demonstrações a que pode chegar o raciocínio.

Em segundo lugar, me defini por ciúmes dele. O ciúme do amigo torna o homem cuidadoso e com extrema cautela. Por isso, pensando que o desejo de entender estas canções teria confiado a algum desconhecedor do latim traduzir o comentário latino para o idioma popular e temendo que a tradução para o idioma popular fosse feita por alguém que a tornasse feia, como fez aquele que traduziu para o latim a *Ética* (e esse foi Tadeu, seguidor de Hipócrates)[4], providenciei eu mesmo em utilizar diretamente o idioma popular, confiando mais em mim do que em outro.

Decidi-me ainda por defendê-lo de muitos acusadores que o desprezam e recomendam outros idiomas, sobretudo a "langue d'oc", dizendo que esta é mais bela e melhor, afastando-se nisso da verdade, porque por meio deste comentário se poderá constatar a grande bondade do idioma popular do "sì"[5]. Poder-se-á verificar sua capacidade, como por meio dele podem ser expressos altíssimos e novíssimos conceitos de modo conveniente, suficiente e adequado, quase tão bem como em latim. Essa capacidade não conseguia se manifestar de imediato nas coisas rimadas, pelos enfeites adicionais a que estão ligadas, isto é, a rima, o ritmo e o número cadenciado, como não pode

---

[4] Trata-se de Taddeo Alderotti (1215-1295) que traduziu obras de medicina de Galeno e Hipócrates, além da Ética a Nicômaco de Aristóteles, tradução que Dante critica.

[5] "Langue d'oc" e "langue d'oïl" eram os dois idiomas populares dominantes na França medieval e Dante Alighieri contrapõe a "lingua di sì", a língua do sim, isto é, o italiano.

manifestar-se muito bem a beleza de uma mulher, quando os adornos do embelezamento e das vestes levam a admirá-la mais do que realmente é. Por isso, quem quiser julgar adequadamente uma mulher, observe-a quando estiver somente com sua natural beleza, privada de qualquer adorno acidental. Assim também será com este comentário, no qual se poderá notar a fluidez de suas sílabas, as propriedades de suas construções e as suaves orações que com ele se constroem. Quem as observar bem, poderá notar que estão repletas de dulcíssima e amabilíssima beleza. Como, no entanto, é sobretudo virtuoso na intenção mostrar o erro e a má fé do acusador, falarei para confundir aqueles que acusam o idioma itálico, uma vez que se empenham em fazê-lo, e destinarei de imediato um capítulo especial para que mais evidente se torne sua infâmia.

## Capítulo XI

Para perpétua infâmia e desestima dos malévolos homens da Itália que recomendam o idioma popular dos outros e desprezam o próprio, afirmo que a decisão deles provém de cinco abomináveis causas. A primeira é incapacidade de distinguir; a segunda, argumentação em má fé; a terceira, ambição de vanglória; a quarta, palavreado invejoso; a quinta e última, vileza de ânimo, isto é, pusilanimidade. E cada uma dessas culpas tem tantos seguidores, que são poucos aqueles que delas estejam livres.

Da primeira pode-se falar o seguinte. Como a parte sensitiva da alma tem seus olhos, com os quais capta a diferença das coisas pelo fato de que são externamente coloridas, assim a parte racional tem seus olhos, com os quais capta a diferença das coisas enquanto são ordenadas para um certo fim. Esta é a distinção. Assim como aquele que é cego dos olhos sensíveis segue sempre aqueles que o guiam, bem ou mal, assim também aquele que é cego da luz da distinção segue sempre em seu julgamento a opinião corrente, seja correta ou falsa. Por isso, se por acaso o guia é cego, é certo que este e aquele, também cego e que nele se apoia, terminem mal. Por essa razão está escrito que "o cego que guia outro cego, ambos cairão no fosso". Esse vozerio se levantou por longo tempo contra nosso idioma popular pelas razões que logo a seguir serão comentadas, juntamente com esta. E os cegos mencionados há pouco, que são em número quase infinito, com a mão nos ombros desses mentirosos, caíram no fosso da falsa opinião, de onde não conseguem sair.

Da familiaridade dessa luz de distinção estão privadas sobretudo as pessoas do povo, uma vez que, obrigadas desde o início de sua vida a exercer alguma profissão, dirigem seu ânimo a essa por força da necessidade e outra coisa não podem pretender. Como a familiaridade com a virtude, seja moral ou intelectual, não se pode obter de improviso, mas é conquistada pelo hábito, e eles colocam seu hábito a serviço de alguma atividade, não se preocupando em discernir as outras coisas, assim, portanto, é impossível que adquiram o discernimento. Por isso ocorre muitas vezes que gritem "Viva!" sua morte e "Morra!" sua vida, contanto que alguém comece; e este é um defeito periculosíssimo em sua cegueira. Por isso Boécio considera vã a glória popular, porquanto a julga sem discernimento. Esses devem ser chamados ovelhas e não, homens, porque se uma ovelha se atirasse de um penhasco de mil passos, todas as outras a seguiriam e, se uma ovelha por alguma razão ao atravessar uma estrada salta, todas as outras saltam, mesmo não vendo nada para pular. Já vi muitas pular num poço por causa de uma que pulou dentro dele, acreditando talvez que estivessem saltando um muro, não obstante o pastor parasse com os braços e o peito diante delas, chorando e gritando.

O segundo grupo contra nosso idioma popular age com uma argumentação de má fé. Muitos são aqueles que gostam mais de serem considerados mestres do que sê-lo e, para evitar o contrário, isto é, de não serem considerados, sempre culpam a matéria preparada da arte ou o instrumento. O mau ferreiro culpa o ferro que lhe foi apresentado e o mau guitarrista culpa a guitarra, acreditando atribuir a culpa da faca ruim e do toque errado ao ferro e à guitarra e eximir-se dela. Assim também há diversos, e não poucos, que querem que todos os considerem oradores e, para desculpar-se por não falar ou por falar mal, acusam ou atribuem a culpa à matéria, ou seja, o próprio idioma popular, e recomendam outro que não lhes é pedido fabricar. E quem quiser verificar como esse ferro deve ser criticado, que observe que obras fazem com ele os bons artesãos e haverá de constatar a má fé desses que, ao criticá-lo, acreditam desculpar-se. Contra esses tais se insurge Cícero, no início de seu livro chamado *Dos Fins dos bens*[6], justo porque em sua época criticavam o latim romano e recomendavam a gramática grega, por razões semelhantes como esses de hoje classificam de vil o idioma itálico e precioso aquele da Provença.

O terceiro grupo contra nosso idioma popular age por ambição de vanglória. Há muitos que pelo fato de citar passagens escritas em outra língua e recomendá-la acreditam ser mais admirados do que se citassem passagens da sua própria. Sem dúvida, não se deve deixar de elogiar o empenho em aprender bem uma língua estrangeira, mas é lastimável recomendá-la além da verdade, somente para vangloriar-se do domínio dessa língua.

O quarto grupo faz uso de um palavreado em que transparece a inveja. Como foi dito anteriormente, a inveja sempre está onde houver alguma igualdade. Entre os homens de uma língua subsiste a paridade do idioma popular e porque um não sabe usá-lo como o outro, surge a inveja. O invejoso argumenta, não criticando aquele que diz que não sabe falar, mas critica aquele que é matéria de sua obra, para subtrair, desprezando a obra por esse lado, a ele que tem honra e fama, como aquele que critica o ferro de uma espada, não para criticar o ferro, mas toda a obra do artesão.

O quinto e último grupo é movido pela vileza de ânimo. O orgulhoso sempre se exalta em seu coração e assim o pusilânime, de modo inverso, sempre se considera menos do que é. Como exaltar e humilhar sempre têm relação com alguma coisa pela comparação da qual se torna grande o orgulhoso e pequeno o pusilânime, ocorre que o orgulhoso sempre considera os outros menores do que realmente são e o pusilânime, sempre maiores. Como com a medida que o homem mede a si mesmo, mede também suas coisas, que são parte dele mesmo, ocorre que para o orgulhoso suas coisas sempre parecem melhores do que o são e aquelas dos outros, menos boas; o pusilânime sempre acredita que suas coisas valem pouco e aquelas dos outros, muito. Por isso muitos, por meio dessa vileza, desprezam o próprio idioma popular e exaltam aquele dos outros. E todos esses são os abomináveis culpados da Itália que consideram vil este precioso idioma popular, o qual, se é vil em alguma coisa, não o é senão enquanto soa na boca meretriz desses adúlteros, após os quais seguem os cegos que mencionei na primeira causa.

---

(6) Marcus Tullius Cicero (106-43 a.C.), De Finibus bonorum et malorum.

# Capítulo XII

Se realmente das janelas de uma casa saíssem línguas de fogo e alguém perguntasse se há fogo dentro da casa e um outro lhe respondesse que sim, não saberia mesmo julgar qual dos dois deveria ser objeto de maior zombaria. Não seria diferente se a pergunta fosse dirigida a mim e a resposta, se tivesse de dá-la, se o amor por minha própria língua está em mim e eu lhe respondesse que sim, como se deduz das razões anteriormente apontadas. Entretanto, para mostrar que não somente amor mas perfeitíssimo amor dela subsiste em mim e para criticar ainda seus adversários, demonstrando isso a quem bem entender, direi como me tornei amigo dela e depois como a amizade foi confirmada. Digo que, como se pode ver o que escreve Cícero no livro *De Amicitia*, não discordando da opinião do filósofo, expressa no oitavo e no nono livros da *Ética*, a proximidade e a bondade são naturalmente causas geradoras de amor; o benefício, o estudo e o costume são causas acretivas de amor. E todas essas causas concorreram para gerar e confortar o amor que sinto por meu idioma popular, como o mostrarei em breve.

A coisa está tanto mais próxima quanto, de todas as coisas de seu gênero, está mais unida à gente. Por isso, entre todos os homens, o filho é o mais próximo do pai; entre todas as artes, a medicina é a mais próxima do médico e a música, do músico e por isso que a eles são mais unidas que as outras. De toda a terra, está mais próxima aquela onde o homem habita e por isso é que a ele está mais unida. Assim, o idioma popular está tanto mais próximo quanto mais está unido, porque um e somente um se aprende antes que qualquer outro e porque não somente está unido de per si, mas por acidente, enquanto está ligado com as pessoas mais próximas, como com os parentes, com os próprios cidadãos e com a própria gente. E este é o idioma popular próprio que não está próximo, mas extremamente próximo de cada um, porque, se a proximidade é semente de amizade, como foi dito há pouco, é evidente que ela está entre as causas do amor que sinto por meu idioma que está mais próximo de mim que qualquer outro. A mencionada causa, ou seja, que está mais unido aquilo que está em primeiro lugar em toda a mente, promoveu o costume geral que somente os primogênitos sucedem, como os mais próximos e porque mais próximos, mais amados.

Além disso, a bondade me tornou amigo do idioma popular. E aqui convém saber que toda bondade torna digna de amor uma coisa que tem a presença de um atributo belo, próprio daquela mesma coisa, como no homem ser provido de bela barba, como na mulher ter o rosto inteiro desprovido de qualquer sinal de barba, como no cão perdigueiro farejar bem e como no lebréu correr muito. E quanto mais própria ela for, tanto mais será amada. Disso decorre que toda virtude é amável no homem e a mais amada nele é mais humana, e esta é a justiça, a qual reside somente na parte racional ou intelectual, isto é, na vontade. Esta é tão amada que, como diz o filósofo no quinto livro da *Ética*, seus inimigos a amam, como ladrões e salteadores. Vemos, porém, que sua oposta, isto é, a injustiça, é extremamente odiada, como o é a traição, a ingratidão, a falsidade, o furto, a rapina, o engano e similares. Todos esses são pecados tão desumanos que, ao eximir-se da infâmia deles, se concede desde antigo costume que o homem fale de si, como foi assinalado antes, e possa dizer de si próprio que é fiel e leal. Sobre esta virtude falarei mais adiante de modo mais completo, no décimo quarto tratado. Agora, retorno ao tema.

Provado está, portanto, que quanto mais uma qualidade é própria de uma coisa, tanto mais é apreciada nesta aquela, porque, para mostrar qual é nela mais própria, deve-se verificar qual é aquela que é mais amada e recomendada nela, e aquela é que o é. Vimos que, em toda questão de texto, exprimir bem o conceito é o que é mais apreciado e recomendado. Esta é, portanto, sua bondade essencial. Como isto subsiste em nosso idioma popular, como foi demonstrado antes em outro capítulo, é evidente que ela foi uma das causas do amor que sinto por ele, porquanto, como foi dito, a bondade é causa geradora de amor.

## Capítulo XIII

Tendo dito como no próprio idioma popular subsistem aquelas duas coisas que me tornaram amigo dele, ou seja, proximidade para comigo e bondade própria, direi agora como por benefício e afinidade de estudo e por benevolência de longa convivência a amizade foi confirmada e se tornou grande.

Em primeiro lugar, digo que em meu proveito recebi dele dom de imensos benefícios. Deve-se saber que entre todos os benefícios o maior é aquele que é mais precioso para quem o recebe. E não há coisa tão preciosa que para obtê-la são desejadas todas as outras. E todas as outras coisas são desejadas para que aquele que as deseja atinja a perfeição. Por isso, uma vez que no homem existem duas perfeições, uma primeira e uma segunda – a primeira o faz ser, a segunda o faz ser bom – se o próprio idioma popular foi para mim causa de uma e de outra, imenso benefício recebi dele. E que ele tenha sido causa para eu ser, e além disso ser bom, se para mim não existisse, facilmente pode ser demonstrado.

Não é inconveniente para uma coisa ter mais causas eficientes e ocorra que uma seja superior às outras. Por isso o fogo e o martelo são causas eficientes da faca, mas ocorra que de modo superior é o ferreiro. Este meu idioma popular foi o vínculo de meus pais que com ele se expressavam, como o fogo é o moldador do ferro para o ferreiro que fabrica a faca, porquanto é evidente que ele concorreu para minha educação e assim é alguma causa de meu ser. Além disso, foi este meu idioma popular que me introduziu no caminho da ciência, que é a mais alta perfeição, porquanto com ele penetrei no latim e com este me familiarizei, latim que foi depois meu caminho para avançar mais ainda. Assim é evidente, e para mim conhecido, que ele foi meu extraordinário benfeitor.

Juntamente comigo se dedicou a uma mesma operação e posso mostrar isso da maneira que se segue. Cada coisa procura naturalmente sua conservação. Por isso, se o idioma popular pudesse operar por si, procuraria sua conservação que consistiria em ajustar-se com mais estabilidade e mais estabilidade não poderia ter do que em munir-se de número e rimas. Esta mesma preocupação tem sido a minha, coisa que é tão evidente que não necessita de provas, porque a mesma preocupação tem sido a sua e a minha, uma vez que com esta afinidade foi confirmada e intensificada a amizade. Houve também a familiaridade da convivência, porque desde o início de minha vida tive com ele benevolência e conversação, além de usá-lo para deliberar, interpretar e questionar. Se, portanto, a amizade se intensifica com a convivência, como aparece na experiência, é evidente que ela cresceu em mim de modo tão extraordinário, que estive familiarizado com o idioma popular durante todo o tempo de minha vida. Assim se pode constatar que para esta amizade concorreram todas as causas geradoras e acretivas da amizade. Disso se conclui que não somente amor, mas perfeitíssimo amor é aquele que devo ter por ele e que realmente tenho.

Assim, voltando os olhos para trás e relembrando as razões mencionadas, pode-se ver este pão, com o qual devem ser ingeridas as canções transcritas mais adiante, já suficientemente depurado das máculas e do fato de ser de cevada, porque já é tempo de cuidar das iguarias. Este será aquele pão de cevada de que se saciarão milhares e para mim sobrarão cestos repletos. Este será luz nova, Sol novo que surgirá onde o usado se porá e dará luz àqueles que estão em trevas e em obscuridade por causa do Sol usado que não os ilumina.

# Tratado II

## Primeira Canção

Vós que com o intelecto o terceiro céu moveis,
ouvi o raciocinar de meu coração,
que não sei dizê-lo a outrem, tão novo me parece.
O céu que segue vosso valor,
gentis criaturas que sois,
me transporta na condição em que me encontro.
Por isso o falar da vida que conduzo,
parece que se volta dignamente a vós:
porém vos rogo que o entendais.

Eu vos contarei do coração a novidade,
como a alma triste nele chora,
e como um espírito contra ela fala,
que vem pelos raios de vossa estrela.
Parecia ser alívio do coração doente
um suave pensamento, que se dirigia
muitas vezes aos pés de nosso Senhor,
onde uma mulher em glória via,
que me falava tão docemente
que a alma dizia: "Preferia morrer".

*Ora aparece quem o põe em fuga
e se apodera de mim com tal força,
que o coração treme tanto que por fora aparece.
Isto me faz uma mulher olhar,
e diz: "Quem quer alcançar a salvação,
faça com que mire os olhos desta mulher,
se não temer angústia de suspiros".
Defronta-se com algo tal que o aniquila
o humilde pensamento, que costuma me falar*

*De um anjo no céu coroado.
A alma chora, tanto ainda suavemente dói,
e diz: "Oh! deixa-me, como se foge
deste piedoso que me consolou!"
De meus olhos diz esta angustiada:
"Quando foi que tal mulher viram!
E porque dela não criam em mim?
Eu dizia: "Aquele que anseia minhas pares
de estarem também nos olhos dela!"*

*E não me ajudou que tivesse notado
que não olhassem, pois estou aniquilada".
"Tu não estás morta, mas estás perdida,
Alma nossa, que assim te lamentas",
diz um espiritozinho de amor gentil;
"Porque aquela bela mulher que tu ouves,
transformou tanto tua vida,
que dela tens medo, que se tornou vil!
Olha quanto ela é piedosa e humilde,*

*Sábia e cortês em sua grandeza,
e pensa em chamá-la mulher, pois!
Porque se tu não te enganas, verás
de tão altos milagres adornada,
que tu dirás: "Amor, senhor veraz,
Eis tua serva; faz o que te agrada."*

*Canção, acredito que serão raros*
*aqueles que tua razão entendam bem,*
*tanto a exprimes de modo difícil e forte.*

*Por isso, se porventura acontecer*
*que tu diante das pessoas te postas*
*que não te pareçam à sua altura,*
*então te rogo que te reconfortes,*
*dizendo-lhes, dileta minha nova:*
*"Considerai ao menos como sou bela!"*

## Capítulo I

Depois que, escrevendo à guisa de proêmio, no tratado precedente apresentei meu pão preparado de maneira suficiente, o tempo chama e pede para meu navio sair do porto, porque, dirigido o artemão da razão para a brisa de meu desejo, entro no mar com esperança de suave caminho e de porto saudável e elogiado no final de minha ceia. Entretanto, por mais proveitoso que seja este meu alimento, antes que seja oferecido o primeiro prato, quero mostrar como se deve comer.

Devo dizer que, como foi escrito no primeiro capítulo, esta exposição é por necessidade literal e alegórica. Para explicar isso, deve-se saber que as escrituras podem ser entendidas e devem ser expostas em quatro sentidos no máximo. Um é chamado literal e é aquele que não se estende para mais além da letra das palavras que exprimem imagens, como são as fábulas dos poetas.

O segundo se chama alegórico e é aquele que se esconde sob o manto dessas fábulas, configurando-se uma verdade oculta sob bela mentira. Assim, quando Ovídio diz que Orfeu com a cítara amansava as feras e atraía para si as árvores e as pedras, quer dizer que o sábio, com o instrumento de sua voz, haveria de amansar e humilhar os corações cruéis e atrairia para sua vontade aqueles que não possuem conhecimentos de ciência e de arte; e aqueles não têm nenhuma vida racional são quase como pedras. E por que este fingimento foi excogitado pelos sábios, será mostrado no penúltimo tratado. Na verdade, os teólogos tomam este sentido de outra forma que os poetas. Entretanto, minha intenção aqui é seguir a maneira dos poetas e tomo o sentido alegórico como é usado pelos poetas.

O terceiro sentido se chama moral e é aquele que os leitores devem procurar colher com profunda atenção nas escrituras, para sua utilidade e de seus discentes. Como se pode averiguar no Evangelho, quando Cristo subiu o monte para transfigurar-se, que dos doze apóstolos tomou consigo só três; no sentido moral, pode ser entendido que para as coisas muito secretas devemos ter reduzida companhia.

O quarto sentido é chamado anagógico, isto é, suprassentido e este ocorre quando se expõe com propósitos espirituais uma escritura que, embora seja também verdadeira no sentido literal, por meio das coisas expressas se refere ao significado das supremas coisas da glória eterna. Isso pode ser verificado naquele canto do profeta que diz que, na saída do povo de Israel do Egito, a Judeia se torna santa e livre. Embora seja também realmente verdade segundo a letra, não menos verdadeiro é aquele que espiritualmente se entende, isto é, que na saída da alma do pecado ela se torne santa e livre em sua atividade. E ao demonstrar isto, o literal deve sempre preceder, como aquele em cuja sentença os outros estão incluídos e sem o qual seria impossível e irracional procurar os outros, sobretudo o alegórico. É impossível, porém, em cada coisa em que subsiste o interno e o externo, é impossível penetrar no interno se antes não se passa pelo externo. Por isso, embora nas escrituras o sentido literal seja sempre o externo, é impossível penetrar nos ouros, sobretudo no alegórico, sem antes captar o literal.

Além disso, é impossível em cada coisa, natural e artificial, é impossível proceder à forma, sem antes ter disposto a matéria sobre a qual forma deve estar, como é impossível a forma do ouro se realizar, se a matéria, isto é, o sujeito, não é estabelecida e preparada e a forma da arca se realizar, se a matéria, isto é, a madeira, não for antes disposta e preparada. Por isso, embora o sentido literal seja sempre sujeito e matéria dos outros, sobretudo do alegórico, é impossível chegar antes ao conhecimento dos outros que ao seu. E ainda, é impossível em cada coisa, natural e artificial, é impossível proceder, se antes não se lança o fundamento, como na casa e no estudo. Por isso, embora a demonstração seja edificação de ciência e a demonstração literal seja fundamento dos outros, sobretudo do alegórico, é impossível que os outros precedam aquele.

Além do mais, posto que fosse possível, seria irracional, isto é, fora de ordem, procedendo-se em decorrência com muito esforço e com grande erro. Por isso, como diz o filósofo no primeiro livro da *Física*, a natureza que que se proceda ordenadamente em nosso conhecimento, isto é, procedendo daquilo que conhecemos melhor para aquilo que não conhecemos tão bem; digo que a natureza quer, no sentido que esta via do conhecimento é naturalmente inata em nós. Entretanto, se os outros sentidos são mais dificilmente compreendidos que o literal – que o são, como evidentemente parece – seria irracional proceder para a demonstração desses, se antes não fosse demonstrado aquele literal. Eu, portanto, em vista dessas razões, descreverei sempre em cada canção seu sentido literal e, em seguida, seu sentido alegórico, isto é, a verdade oculta; e por vezes tocarei sobre os outros sentidos, embora incidentalmente, se convier para local e momento.

## Capítulo II

Começando, portanto, digo que a estrela Vênus duas vezes tinha girado naquele seu círculo que a faz parecer vespertina e matutina, segundo diversos tempos, depois da morte daquela Beatriz bem-aventurada que vive no céu com os anjos e na terra com minha alma, quando aquela gentil mulher, que a relembrei no final de *Vita Nuova*, apareceu pela primeira vez, acompanhada de Amor, a meus olhos e tomou um certo lugar em minha mente. E como descrevi no mencionado libelo, mais por sua gentileza que por minha escolha, aconteceu que consenti em pertencer-lhe, porque se demonstrava preocupada com tanta compaixão por minha vida de viúvo, que os espíritos de meus olhos se tornaram extraordinariamente amigos dela. Sendo amigos dela, a tornaram tão bela dentro de mim, que minha vontade consentiu em familiarizar-se com aquela imagem. Entretanto, como não é subitamente que nasce o amor e se torna grande e perfeito, mas necessita de algum tempo e nutrimento de pensamentos, sobretudo quando surgem pensamentos opostos que o contrastam, foi necessário, antes que este novo amor fosse perfeito, muita batalha entre o desejo de nutri-lo e aquele que lhe era contrário, o qual por aquela gloriosa Beatriz mantinha ainda a fortaleza de meu intelecto. Entretanto, um era alimentado continuamente por causa do encontro anterior, e o outro, por parte da memória mais antiga. E o desejo alimentado pelo encontro crescia a cada dia, que o outro nada podia contra aquele, porque impedia de algum modo de voltar-me para o passado, pois me parecia tão portentoso e também impossível de resistir-lhe, que já não reprimi-lo. Como que desafogando-me e para justificar minha mudança, na qual parecia que eu estava privado de tenacidade, dirigi minha voz para aquele local, de onde procedia a vitória do novo pensamento, que era irresistível, como virtude celestial e comecei a dizer: *Vós que com o intelecto o terceiro céu moveis.*

Para captar bem o verdadeiro significado dessa canção, convém em primeiro lugar conhecer suas partes, de modo que depois será fácil verificar seu significado. Para que não seja mais necessário repetir estas palavras para as exposições posteriores, digo que esta ordem, seguida neste tratado, será seguida em todos os outros.

Digo, portanto, que a canção proposta contém três partes principais. A primeira é o primeiro verso dela, na qual são levadas a ouvir o que pretendo dizer certas Inteligências, ou como mais costumeiramente queremos indicar os Anjos, que comandam a revolução de Vênus no céu, como aqueles que o movem. A segunda consta dos três versos que seguem o primeiro, na qual se manifesta aquilo que espiritualmente se experimentava entre os diversos pensamentos. A terceira é o quinto e último verso, na qual se verifica o homem falando à própria obra, como para confortá-la. E estas três partes devem ser, por ordem, como foi assinalado antes, comentadas.

## Capítulo III

Para verificar mais facilmente o sentido literal, de que ora se cuida, da primeira parte da divisão apresentada há pouco, deve-se saber quem e quantos são aqueles que são chamados a ouvir-me e qual é esse terceiro céu que afirmo que eles movem. Falarei em primeiro lugar do céu, depois daqueles a quem falo. Embora, em confronto com a verdade, muito pouco se possa saber daquelas coisas, aquele pouco que a razão humana pode captar delas causa mais alegria do que o muito e o certo das coisas que se julga segundo os sentidos, conforme a sentença do filósofo no livro dos *Animais*.

Digo, portanto, que a respeito do número dos céus e de seu local são muitas as opiniões contrastantes, embora a verdade possa finalmente ser encontrada. Aristóteles acreditava, seguindo somente a antiga rudeza dos astrólogos, que fossem somente oito os céus, dos quais o extremo e que continha tudo era aquele em que as estrelas estão fixadas, isto é, a oitava esfera; e que, além dele, não havia nenhum outro. Acreditava ainda que o céu do Sol estivesse em contato com aquele da lua, isto é, segundo, a partir da terra. Essa opinião dele, tão errônea, quem quiser pode verificá-la no livro segundo *De Celo et Mundo*, que se encontra no segundo dos livros naturais. Na verdade, ele se escusa a respeito disso no décimo segundo livro da *Metafísica*, onde mostra claramente que seguiu simplesmente a opinião dos outros no local em que necessitava falar de astrologia.

Ptolomeu depois, notando que a oitava esfera se movia com movimentos diversos, notando que sua órbita se afastava daquela prevista, porque gira precisamente de oriente para ocidente, obrigado pelos princípios da filosofia, que por necessidade requer um primeiro móvel simplicíssimo, definiu que existia outro céu além do estrelado, o qual fazia esta revolução de oriente para ocidente. Esta revolução se completa em quase vinte e quatro horas (isto é, vinte e três horas) e catorze partes das quinze de outra, calculando com aproximação.

Desse modo, segundo ele e segundo o que se conclui em astrologia e em filosofia, porquanto esses movimentos foram vistos, há nove céus móveis. O local deles é evidente e determinado, segundo uma arte chamada perspectiva e ainda por aritmética e geometria é visto de modo sensível e racional, bem como por outras experiências dos sentidos; como no eclipse do Sol aparece sensivelmente que a lua está sob o Sol e como, segundo testemunho de Aristóteles, que viu com seus olhos (de acordo com o que escreve no segundo livro *De Celo et Mundo*) a lua, sendo nova, entrar sob Marte, do lado não luminoso, e Marte ficar oculto, de tal modo a reaparecer do outro lado luminoso da lua, na direção do ocidente.

## [Capítulo IV]

E é esta a ordem dos céus. O primeiro é aquele em que está a Lua; o segundo é aquele onde está Mercúrio; o terceiro é aquele onde está Vênus; o quarto é aquele onde está o Sol; o quinto é aquele de Marte; o sexto é aquele de Júpiter; o sétimo é aquele de Saturno; o oitavo é aquele das estrelas; o nono é aquele que não é notado senão por pelo movimento de que se falou antes e que é chamado por muitos de Cristalino, isto é, diáfano ou totalmente transparente.

Na verdade, além de todos estes, os católicos colocam o céu Empíreo, indicando céu de chamas ou luminoso, e dizem que que é imóvel por ter em si, em cada uma de suas partes, o que sua matéria requer. E isto é causa para o Primeiro Móvel ter movimento velocíssimo porque, pelo ferventíssimo desejo que há em cada uma das partes daquele nono céu, que lhe é contíguo, de estar unida com cada uma das partes daquele diviníssimo céu parado, para ele se volve com tamanho desejo, que sua velocidade vai quase além da compreensão. Quieto e pacífico é o lugar daquela suma divindade que só a si se contempla completamente. Este local é de espíritos bem-aventurados, como quer a Santa Igreja que não pode mentir. Aristóteles parece intuir isso, para quem bem o entender, no primeiro livro de *De Celo et Mundo*. Este é o edifício superior do mundo, no qual é incluído o mundo inteiro e fora do qual nada existe. Ele não é um local preciso, mas foi formado somente na primeira Mente que os gregos chamam de *Protonoè*. Esta é aquela magnificência da qual falou o salmista quando diz a Deus: "Elevada é tua magnificência acima dos céus". Desse modo, resumindo o que foi exposto, parece que os céus sejam dez, entre os quais aquele de Vênus é o terceiro, mencionado na parte que pretendo comentar.

Deve-se saber que cada céu abaixo do Cristalino tem dois polos fixos, mas somente em relação à sua órbita. O nono os tem firmes e fixos e imutáveis em relação a nada. E cada um, tanto o nono como os outros, tem uma órbita que pode ser chamada equador de seu próprio céu que, em cada fase de seu movimento de revolução é equidistante de ambos os polos, como realmente pode constatar quem gira uma maçã ou outra coisa redonda. E essa órbita tem mais velocidade no movimento que qualquer parte de seu céu, em cada céu, como pode constatar quem observa com cuidado. E cada parte, quanto mais se aproxima do equador, tanto mais tem movimento veloz; quanto mais se distancia e mais se aproxima do polo, mais é lenta, uma vez que sua revolução é menor e deve ocorrer ao mesmo tempo, por necessidade, com a maior. Afirmo ainda que quanto mais o céu está próximo da linha do equador, tanto mais é nobre em comparação a seus polos, uma vez que tem mais movimento, mais atualidade, mais vida e mais forma, e mais fica em contato com aquele que está acima, sendo, por conseguinte, mais nobre. Por isso as estrelas do céu estrelado tanto mais repletas de virtude estão entre si, quanto mais se aproximam dessa linha.

Sobre uma parte da circunferência externa, no céu de Vênus, do qual ora se trata, encontra-se uma pequena esfera que, como movimento autônomo, gira nesse céu e sua órbita é chamada de epiciclo pelos astrólogos. E como a grande esfera gira com dois polos, assim também esta pequena que tem também a linha do equador, sendo assim mais nobre quanto mais está próxima daquela; e sobre o arco, ou circunferência, desta linha está fixada a luminosíssima estrela de Vênus. Embora tenha sido dito que os céus são em número de dez, segundo a estrita verdade, este número não os compreende a todos, porque este que foi mencionado, isto é, o epiciclo, no qual está fixada a estrela, é um céu de per si, ou esfera, e é autônomo em relação ao céu sobre circunferência; é transladado, embora seja mais conatural a esse que aos outros e com ele é chamado um céu, denominados um e outro pela estrela. Como se apresentam os outros céus e as outras estrelas, não é o momento de tratar a respeito. É suficiente o que foi dito sobre a verdade do terceiro céu, ao qual me refiro agora e do qual foi mostrado de modo completo aquilo que no momento é necessário.

## Capítulo IV (V)

Uma vez que foi mostrado no capítulo precedente qual é esse terceiro céu e como está disposto em si mesmo, resta a demonstrar quem são aqueles que o movem. Deve-se, contudo, saber em primeiro lugar que aqueles que movem os céus são substâncias separadas da matéria, isto é, inteligências, que o povo chama de anjos. Sobre essas criaturas, como sobre os céus, subsistem diversas opiniões contrastantes, embora ao final se possa chegar à verdade.

Foram certos filósofos, entre os quais parece estar Aristóteles com sua *Metafísica* (embora no primeiro livro do *De Celo* ocasionalmente pareça ser de opinião contrária), que acreditavam que essas criaturas fossem somente tantas quantos eram os movimentos celestes e não mais, dizendo que as outras teriam sido eternamente em vão, sem atividade; que era impossível, apesar de seu ser seja sua atividade.

Houve outros, como Platão, ilustríssimo homem, que invocaram não somente tantas inteligências quantos são os movimentos celestes, mas também quantas são as espécies das coisas (isto é, as essências das coisas), como todos os homens são uma espécie, outra espécie é todo o ouro, outra todas as extensões e assim, de todas. E propuseram que, como as inteligências dos céus são geradoras daqueles, cada uma do seu, assim essas fossem também geradoras das outras coisas e modelos, cada uma de sua espécie. E Platão as chama de "ideias" que tanto indicam formas quanto naturezas universais. Os pagãos as chamam deuses e deusas, embora não as entendessem filosoficamente como Platão, e adoravam suas imagens, erguendo-lhes imensos templos, como a Juno, que a consideravam deusa do poder; como a Pálades ou Minerva, que a consideravam deusa da sabedoria; como a Vulcano, considerado como deus do fogo, e a Ceres, tida como deusa dos cereais. Essas coisas e opiniões são manifestadas pelo testemunho dos poetas que retratam em certa medida a maneira dos pagãos nos sacrifícios e em sua fé. Manifesta-se ainda em muitos nomes antigos que ficaram ou por meio de nomes e designativos de locais e edifícios antigos, como muito bem pode encontrar quem quiser.

Embora essas opiniões fossem a consequência de seus raciocínios e de sua considerável experiência, a verdade, porém, não foi por eles desvendada, seja por limitações da razão, seja por falta de conhecimento, porque pela simples razão se pode constatar que as mencionadas criaturas são em muito maior número do que são os efeitos que pelos homens podem ser captados.

E uma das razões é esta. Ninguém duvida, nem filósofo, nem pagão, nem judeu, nem cristão, nem escola alguma, que elas não estejam repletas de toda beatitude, ou todas ou a maior parte delas, e que aquelas bem-aventuradas não estejam em perfeitíssimo estado. Por isso, uma vez que nesse aspecto a natureza humana não tem uma só beatitude, mas duas, aquela da vida civil e aquela da contemplativa, seria irracional que considerássemos que aquelas possuem a beatitude da vida ativa, isto é, civil, no governo do mundo, e não tivessem aquela contemplativa que é mais excelente e mais divina. Como, por outro lado, a beatitude ligada ao governar não pode coexistir com a outra, porque seu intelecto é profundamente uno e eterno, é necessário que existam outras criaturas, além dessas que presidem o governo dos céus, e que vivam exclusivamente de especulação. Como essa vida é mais divina e quanto mais a coisa é divina, mais é semelhante a Deus, é evidente que essa vida é mais amada por Deus. Se é mais amada, a beatitude que lhe foi conferida deve ser maior e, se for maior, mais numerosas devem ser essas criaturas que as outras. Disso se conclui que o número daquelas criaturas cujos efeitos não transparecem deve ser muito maior. E não é contrário ao que parece dizer Aristóteles no décimo livro da *Ética:* que às substâncias separadas deva ser atribuída também a vida especulativa. Como somente a especulativa seja conveniente a elas, de igual modo somente à especulação de algumas delas se segue o movimento do céu, que é governo do mundo, o qual è como uma ordenada civilização, entendida na especulação dos motores.

A outra razão está em que nenhum efeito é maior do que a causa, porquanto a causa não pode dar aquilo que não tem. Disso decorre que, sendo o intelecto divino causa de tudo, sobretudo do intelecto humano, o humano não pode sobrepujar aquele, mas é por ele superado sem proporção alguma. Se nós, portanto, pelas razões apresentadas e por muitas outras, entendemos que Deus possa ter feito quase inumeráveis criaturas espirituais, é evidente que ele as tenha criado em número muito maior. Outras razões poderiam ser apresentadas, mas estas são suficientes para o momento.

Ninguém se surpreenda, se essas e outras razões que poderíamos ter a respeito disso, são somente acenadas. Entretanto, devemos igualmente admirar sua excelência – a qual excede os olhos da mente humana, como diz o filósofo no segundo livro da *Metafísica* – e afirmar sua existência, porquanto não tendo delas nenhuma percepção (da qual começa nosso conhecimento), resplandece, contudo, em nosso intelecto alguma luz de sua vivacíssima essência, desde que forem consideradas as mencionadas razões e muitas outras; como afirma ser luminoso o ar alguém que está de olhos fechados por causa de um pouco de esplendor, ou raio, como passa pelas pupilas do morcego, porque nossos olhos intelectuais não estão fechados de outra forma, enquanto a alma está ligada e encarcerada por meio dos órgãos de nosso corpo.

## Capítulo V (VI)

Foi dito que foi por falta de conhecimento que os antigos não viram a verdade das criaturas espirituais, embora o povo de Israel tivesse sido em parte instruído pelos profetas, "por meio dos quais, de muitas maneiras de falar e de outras formas, Deus lhes tivesse falado", como diz o Apóstolo[7]. Nós, porém, fomos instruídos a respeito disso por aquele que veio de Deus, por aquele que as fez, por aquele que as conserva, isto é, pelo imperador do universo, Cristo, filho do Deus soberano e filho de Maria Virgem (mulher que realmente existiu e filha de Joaquim e de Adão), homem verdadeiro que foi morto por nós, em razão de que nos trouxe vida. "Ele foi luz que ilumina a nós nas trevas", como diz João Evangelista, e nos disse a verdade sobre aquelas coisas que sem ele nós não poderíamos saber, nem realmente ver.

A primeira coisa e o primeiro segredo que nos fez ver foi uma das criaturas já mencionadas. Foi seu grande embaixador que veio a Maria, jovem donzela de treze anos, da parte do Senhor celestial. Este nosso Salvador disse com sua boca que o Pai podia dar-lhe muitas legiões de anjos; este não os negou, quando lhe foi dito que Pai havia ordenado aos anjos que o sustentassem e o servissem. Para nós é evidente que essas criaturas existem em imenso número, porque sua esposa e depositária, a Santa Igreja – da qual Salomão diz[8]: "Quem é esta que sobe do deserto, cheia daquelas coisas que causam alegria, apoiada em seu amigo?" – diz, crê e prega que essas nobilíssimas criaturas são quase inumeráveis.

E as divide em três hierarquias, em outras palavras, em três santos ou divinos principados, e cada hierarquia se compõe de três ordens, de modo que a Igreja sustenta e afirma que são nove ordens de criaturas espirituais. A primeira é aquela dos anjos, a segunda dos arcanjos, a terceira dos tronos; e estas três ordens formam a primeira hierarquia. Não primeira quanto à nobreza, nem quanto à criação (porque por mais que as outras sejam nobres, todas foram criadas juntas), mas primeira quanto a nosso subir à altura delas. Depois vêm as dominações; a seguir as virtudes; depois os principados; e estas três ordens formam a segunda hierarquia. Acima estão as potestades e os querubins e, acima de todos, os serafins; e estes formam a terceira hierarquia.

Considerável razão é a especulação a respeito do número das hierarquias como também daquele das ordens porque, desde que na Majestade divina há três pessoas que têm uma única substância, a elas corresponde uma tríplice contemplação. De fato, pode-se contemplar o poder sumo do Pai, ao qual mira a primeira hierarquia, isto é, aquela que é primeira por nobreza e que citamos por último. Pode-se contemplar a suma sabedoria

---

(7) Epístola aos Hebreus, I, 1, carta constante da Bíblia, atribuída a São Paulo.

(8) Cântico dos Cânticos, VIII, 5, livro bíblico atribuído à autoria de Salomão.

do Filho e a esta mira a segunda hierarquia. Pode-se contemplar a suma e fervidíssima caridade do Espírito Santo e a esta mira a última hierarquia que, mais próxima, nos dispensa dons que ela recebe.

Uma vez que cada pessoa da divina Trindade possa ser considerada de modo tríplice, há em cada hierarquia três ordens que de modo diverso contemplam. Pode-se considerar o Pai que não se refere senão a ele mesmo; e esta contemplação compete aos serafins que da Primeira Causa veem mais que qualquer outra natureza angélica. Pode-se considerar o Pai segundo a relação que tem com o Filho, isto é, de que modo é distinto dele e como com ele está unido; e esta contemplação compete aos querubins. Pode-se ainda considerar o Pai com relação ao Espírito Santo que dele procede e como se distingue dele e como com ele está unido; e esta contemplação compete às potestades. Por esse modo pode-se especular sobre o Filho e o Espírito Santo; para tanto é necessário que haja nove naturezas de espíritos contemplativos, para contemplar a luz que vê somente a si mesma completamente.

Não se deve esquecer aqui um detalhe. De todas essas ordens, algumas se perderam logo que foram criadas, talvez num montante de uma décima parte. Para restaurar essa, foi criada depois a natureza humana.

Os números, as ordens, as hierarquias representam os céus em movimento que são nove e o décimo anuncia a unidade e a estabilidade de Deus. Por isso é que o salmista diz[9]: "Os céus narram a glória de Deus e a obra de suas mãos anuncia o firmamento". É justo acreditar que aqueles que movem o céu da Lua sejam da ordem dos anjos e aqueles de Mercúrio sejam os arcanjos, e aqueles de Vênus sejam os tronos, os quais, emanados do amor do Espírito Santo, cumprem sua atividade segundo sua inclinação íntima, isto é, o movimento daquele céu, cheio de amor, do qual toma a forma desse céu um ardor virtuoso, pelo qual as almas daqui debaixo se acendem em amor, segundo sua disposição.

Como os antigos notaram que aquele céu era aqui embaixo causa de amor, disseram que Amor é filho de Vênus, como testemunha Virgílio no primeiro livro da *Eneida*, onde Vênus diz ao Amor: "Filho, minha força, filho do sumo pai, que não te preocupas com os dardos de Tifeu[10]." E Ovídio, no quinto livro de *Metamorphoseos*, quando escreve que Vênus disse ao Amor: "Filho, minhas armas, meu poder."

---

(9) Salmo XVIII, 1.

(10) Tifeu, um dos gigantes da mitologia, associado aos terremotos e às erupções vulcânicas. Rebelando-se contra Júpiter, como castigo foi jogado na cratera do vulcão Etna com seus companheiros.

São esses tronos que são destinados ao governo desse céu, em número não muito grande, sobre o qual subsistem opiniões contrastantes entre os filósofos e os astrólogos que refletem as divergências existentes entre eles sobre os movimentos celestes, embora todos concordem nesse ponto, isto é, que são tantos quantos são os movimentos celestes.

Esses, segundo é exposto com o apoio da melhor demonstração dos astrólogos no livro das *Agregações das Estrelas*[11], são três: um, de acordo como a estrela se move em seu epiciclo; o segundo, de acordo como o epiciclo se move com todo o céu e igualmente com aquele do Sol; o terceiro, de acordo como todo aquele céu se move seguindo o movimento da esfera estrelada, de ocidente para oriente, um grau a cada cem anos. Desse modo, a esses três movimentos correspondem três movedores. Além disso, todo esse céu se move e gira com o epiciclo de oriente para ocidente, uma vez por dia. Esse movimento, se provém de algum intelecto ou se provém de impulso do Primeiro Móvel, Deus o sabe, porque para mim seria presunção julgar. Esses movedores movem, com a única força da mente, a circulação daquilo que lhes é submetido precisamente a cada um deles. A nobilíssima forma do céu, que possui em si o princípio dessa natureza passiva, gira, tocada por força motriz que esse concebe no intelecto; digo tocada, não corporalmente, por tato de força espiritual que para aquele se dirige. E esses movedores são aqueles de que pretendo falar e aos quais dirigirei minha questão.

## Capítulo VI (VII)

De acordo com quanto foi dito anteriormente no terceiro capítulo deste tratado, que para bem entender a primeira parte da canção proposta convinha descrever aqueles céus e seus motores, isso foi feito nos três capítulos precedentes. Digo, portanto, para aqueles que mostrei serem aqueles que movem o céu de Vênus: *Vós que com o intelecto* – isto é, somente com o intelecto, como foi dito antes – *o terceiro céu moveis, ouvi o raciocinar*; não digo *ouvi* para que eles ouçam algum som, uma vez que eles não possuem sentidos, mas digo *ouvi*, isto é, com aquele ouvir que eles possuem, que é compreender com o intelecto. Digo *Ouvi*

---

(11) Liber de aggregationibus scientiae stellarum, escrito por Ahmad ibn Muhammad Al-Farghani, famoso astrônomo árabe do século IX. Seu nome foi latinizado em Alfraganus.

*o raciocinar* o que *está em meu coração,* isto é, dentro de mim, porque ainda não foi expresso externamente. Cumpre saber que em toda esta canção, segundo um e outro sentidos, o "coração" é tomado pelo segredo interior e não por qualquer outra parte especial da alma e do corpo.

Depois que os convoquei para ouvir aquilo que eu quero, assinalo duas razões pelas quais eu, de modo conveniente, devo falar-lhes. A primeira é a novidade de minha condição que, por não ser aprendida por experiência pelos outros homens, não seria desse modo compreendida por eles como por aqueles que compreendem seus efeitos enquanto operam. Toco essa razão quando digo *Que não sei dizê-lo a outrem, tão novo me parece.*

A segunda razão é: quando alguém recebe benefício ou injúria, pode-se fazer recuar aquele a quem foram feitos, antes que a outros, de modo que, se for benefício, aquele que o recebe se mostre reconhecido para com o benfeitor e, se for injúria, induza o fautor a retratar-se com moderadas palavras. Toco esta razão quando digo: *O céu que segue vosso valor, gentis criaturas que sois, me transporta na condição em que me encontro.* Isto quer dizer: vossa operação, isto é, o movimento por vós impresso ao céu é aquele que me transportou para a presente condição. Concluo, porém, e digo que meu falar a eles deve ser como foi dito e é isto que digo: *Por isso o falar da vida que conduzo, parece que se volta dignamente a vós.*

Depois dessas razões assinaladas, rogo-lhes de compreender quando digo: *Porém vos rogo que o entendais.* Entretanto, em cada espécie de discurso, o expositor deve sobretudo visar a persuasão, por meio de belas palavras, do auditório, como aquela que é princípio de todas as outras persuasões, como os retóricos bem sabem. Para tornar o auditório atento, é poderosíssima persuasão a de prometer dizer novas e grandes coisas. Por solicitação do auditório, sigo essa persuasão, melhor, embelezamento, anunciando-lhe minha intenção de dizer coisas novas, ou seja, a divisão que subsiste em minha alma, e grandes coisas, ou seja, o valor de sua estrela. E isto digo naquelas últimas palavras desta primeira parte: *Eu vos contarei do coração a novidade, como a alma triste nele chora, e como um espírito contra ela fala, que vem pelos raios de vossa estrela.*

Para esclarecer completamente essas palavras, digo que esse espírito não é outra coisa senão um frequente pensamento que tende a recomendar e embelezar essa nova mulher; e essa alma não é outra coisa senão outro pensamento acompanhado de consentimento lhe, repelindo a esse, recomenda e embeleza a memória daquela gloriosa

Beatriz. Entretanto, como a última decisão da mente, isto é, o consentimento, se vinculava a esse pensamento que era confortado pela memória, chamo a ele *alma* e ao outro, *espírito*, como costumamos chamar cidade aqueles que a administram e não, aqueles que a combatem, embora uns e outros sejam cidadãos.

Digo também que esse espírito vem pelos raios da estrela, porque se deve saber que os raios de cada céu são o caminho pelo qual desce seu influxo sobre as coisas aqui debaixo. Uma vez que os raios não são outra coisa senão uma luminosidade que vem do princípio da luz pelo ar até a coisa iluminada e uma vez que a luz não pertença propriamente senão à estrela, enquanto que o outro céu é diáfano, isto é, transparente, não digo que este espírito, isto é, este pensamento, venha de todo o seu céu, mas de sua estrela. Esta, pela nobreza de seus movedores é de tamanha força, que sobre nossas almas e sobre outras coisas tem imenso poder, não obstante esteja distante de nós, por vezes está mais próxima, distando então cento e sessenta e sete vezes o comprimento do raio terrestre, o que totaliza três mil duzentas e cinquenta milhas. E esta é a exposição literal da primeira parte da canção.

## Capítulo VII (VIII)

Pode ter sido entendido de modo suficiente com as palavras expressas anteriormente o sentido literal da primeira parte, porque na segunda deve-se entender o que eu sentia dentro de mim com relação à batalha. Esta parte tem duas divisões: na primeira, isto é, no primeiro verso, narro a natureza desses contrastes, de acordo com sua raiz, que estavam dentro de mim; depois narro aquilo que dizia cada um dos contrastes e, precisamente, aquilo que dizia a parte que perdia, ou seja, no verso que é o segundo desta parte e o terceiro da canção.

Coerentemente com quanto foi afirmado sobre a primeira divisão, convém saber que as coisas devem ser denominadas segundo a máxima nobreza de sua forma, como o homem pela razão e não pelos sentidos, nem por outra coisa que seja menos nobre. Por isso, quando se diz que o homem vive, deve-se entender que o homem usa a razão que é sua vida especial e ato de sua parte mais nobre. Por isso é que aquele que se afasta da razão e usa somente a parte sensitiva, não vive como homem, mas como animal, como diz o ilustríssimo Boécio: "Vive como asno". Corretamente digo, pois, que o pensamento é ato próprio da razão, porque os animais não pensam, uma vez que não têm razão. Não falo somente dos animais menores, mas daquelas que têm aparência humana e espírito de ovelha ou de outro animal abominável.

Afirmo, portanto, que a vida de meu coração, isto é, de meu interior, costuma ser um pensamento suave ("suave" se identifica com "suaso", isto é, ornado, doce, agradável e delicioso), este pensamento que muitas vezes se dirigia aos pés do senhor desses a quem falo, que é Deus, querendo com isso dizer que, ao pensar, eu contemplava o reino dos bem-aventurados. Exponho imediatamente a causa final pela qual eu subia, lá em cima, pensando quando digo: *Onde uma mulher em glória via,* dando a entender que eu estava certo, e estou, por sua graciosa revelação, que ela estava no céu. Por isso, muitas vezes ao pensar, como era possível para mim, partia como que arrebatado.

Em seguida descrevo o efeito desse pensamento, para dar a entender sua doçura, que era tamanha que me levava a desejar a morte, para ir para lá, para onde ele ia; isso digo neste verso: *Que me falava tão docemente, que a alma dizia: Preferiria morrer.* Esta é a raiz de um dos contrastes que subsistia em mim. Convém saber que aqui se diz "pensamento" e não "alma", aquele que subia para ver aquela bem-aventurada, porque era um pensamento específico dirigido àquele ato. Como foi dito no capítulo precedente, a alma se entende pelo pensamento geral com o consentimento.

A seguir, quando digo *Ora aparece quem o põe em fuga,* narro a raiz do outro contraste, dizendo que, como esse pensamento anterior costuma ser minha vida, assim outro aparece e faz desaparecer aquele. E digo "fugir", para mostrar que aquele é contrário, porque naturalmente um contrário foge do outro, e aquele que foge mostra, ao fugir, possuir força inferior. Afirmo ainda que este pensamento que aparece novamente é poderoso para tomar conta de mim e vencer a alma totalmente, dizendo que ele tem tal domínio que o coração, isto é, meu interior, treme, e meu exterior o demonstra assumindo uma certa nova fisionomia.

Depois mostro o poder desse pensamento novo pelo efeito que produz em mim, dizendo que ele me leva a olhar uma mulher e me diz palavras de lisonja, ou seja, raciocina diante dos olhos de meu amor espiritual para melhor me induzir, assegurando-me que a visão de seus olhos é sua salvação. Para melhor levar a alma experiente a crer nisso, diz que alguém que teme angústia de suspiros não deve olhar nos olhos dessa mulher. E é realmente uma bela arte retórica embelezar o interior por meio da aparente espoliação da própria beleza. Mais não podia esse novo pensamento de amor induzir minha mente a consentir, senão raciocinar profundamente sobre a força dos olhos dela.

## Capítulo VIII (IX)

Uma vez mostrado como e por que nasce o amor e surgiram os contrastes que me combatiam, convém proceder para esclarecer o significado daquela parte em que lutam em mim diversos pensamentos. Convém falar primeiramente da parte da alma, isto é, do antigo pensamento, e depois do outro, porquanto sempre o expositor deve sempre conservar para o final o mais importante que queira dizer. Além do mais, aquilo que é dito por último permanece mais vivo na alma do ouvinte. Por isso, como pretendo falar e expor da obra que os tronos realizam, mais do que ela desfaz, razoável foi primeiramente expor a condição da parte que se corrompia e depois daquele que era gerada.

Realmente aqui surge uma dúvida que não se deve deixar de lado, mas que é preciso dissipar. Alguém poderia dizer: "Se é verdade que o amor é efeito dessas inteligências de que falo e aquele de antes fosse amor assim como este que se lhe segue, por que a virtude delas corrompe um e gera o outro? Uma vez que, melhor, deveria salvar aquele, pela razão que cada causa ama seu efeito e, amando aquele, salva o outro." A esta questão pode-se facilmente responder que o efeito dessas é amor, como foi dito; entretanto, como não podem salvar senão em aqueles que estão ainda sujeitas à influência delas, transferem-no daquela parte que está fora de seu poder para aquela que está dentro delas, isto é, da alma que partiu desta vida para aquela que está em vida. Como a natureza humana transfere, na forma humana, sua conservação de pai para filho, porque não pode o mesmo pai conservar perpetuamente aquele seu efeito. Digo "efeito", enquanto a alma com o corpo, juntos, são efeito daquela natureza humana, porque a alma, uma vez que partiu, perdura perpetuamente em natureza mais que humana. Desse modo, a questão está resolvida.

Uma vez que aqui se acena à imortalidade da alma, farei uma digressão, falando dela, porque, ao falar dela, será formoso terminar de falar daquela viva e bem-aventurada Beatriz, da qual não pretendo mais falar neste livro porquanto assim decidi. Assinalo que, entre todas as bestialidades, é extremamente estulta, vil e danosa aquela de quem acredita que depois desta vida não há outra. Entretanto, se revolvermos todos os escritos, tanto dos filósofos quanto dos outros sábios escritores, todos concordam que em nós existe uma parte perpétua. E isto parece sobretudo afirmar Aristóteles no livro da *Alma*; isto parecem sobretudo afirmar todos os estoicos; isto parece afirmar Cícero, especialmente naquele opúsculo sobre a *Velhice*; isto parecem afirmar todos os poetas que falaram de acordo com a fé dos pagãos; isto afirmam todos os sistemas, judeus, sarracenos, tártaros e todos os outros que vivem segundo determinadas normas. Se todos estivessem equivocados, seguir-se-ia uma impossibilidade que seria horrível até mesmo para retirar.

Todos estão certos que a natureza humana é mais perfeita que todas as outras naturezas daqui debaixo. Ninguém o nega e Aristóteles o afirma quando diz, no décimo segundo livro dos *Animais*, que o homem é o mais perfeito de todos os animais. Por isso, embora muitos daqueles que vivem sejam inteiramente mortais como animais irracionais e sejam todos desprovidos desta esperança enquanto vivem sem esperança de outra vida, se nossa esperança fosse vã, nosso defeito seria maior do que qualquer outro animal, uma vez que já houve muitos que deram esta vida por aquela; e disso se seguiria que o mais perfeito animal, isto é, o homem, seria o mais imperfeito – o que é impossível – e aquela parte, ou seja, a razão, que é sua perfeição maior, seria para ele causa de maior defeito, o que contradiz tudo o que foi dito até o momento. Além disso, seguir-se-ia que a natureza contra si mesma tivesse colocado esta esperança na mente humana, porquanto se diz que muitos correram para a morte do corpo, a fim de viver na outra vida; e isto é igualmente impossível.

Além do mais, temos contínua experiência de nossa imortalidade nas adivinhações de nossos sonhos que não poderiam subsistir, se em nós não houvesse alguma parte imortal. Embora convenha que seja imortal a entidade que permite a adivinhação, corpóreo ou incorpóreo que seja, se se pensar com sutileza – e digo corpóreo ou incorpóreo por causa das diversas opiniões que encontrei a respeito – e a entidade que recebe a adivinhação, enquanto nosso imortal está misturado com o mortal, vemos isso no entanto perfeitamente pela fé, mas pela razão o vemos com sombras de obscuridade, por causa da mistura do mortal com o imortal. Entretanto, a verdadeira doutrina de Cristo nos dá garantias porque é via, verdade e luz; via, porque por ela chegamos sem impedimento à felicidade daquela imortalidade; verdade, porque não tolera erro algum; luz, porque nos ilumina nas trevas da ignorância deste mundo. Esta doutrina afirmo que nos torna seguros, acima de todas as outras razões, enquanto que aquilo que nos transmitiu configura e sustenta a imortalidade. E isso deve ser poderoso argumento, isto é, que subsistam em nós o mortal e o imortal. Eu assim creio, assim afirmo e assim estou certo de passar depois desta a outra vida melhor, onde vive aquela gloriosa mulher da qual minha alma se apaixonou quando combatia, como será exposto no capítulo seguinte.

## Capítulo IX (X)

Retornando ao tema, digo que neste verso que começa *Defronta-se com algo contrário que o aniquila*, pretendo manifestar aquilo que remoía dentro de minha alma, isto é, o pensamento antigo contra o novo. Em primeiro lugar, exponho brevemente a causa de seu lastimoso falar, quando digo: *Defronta-se com algo contrário que aniquila o humilde pensamento, que costuma falar-me de um anjo no céu coroado*. Este é aquele pensamento especial, do qual antes se dizia que costumava *ser vida do coração dolorido*. Depois, quando digo: *A alma chora, tanto ainda suavemente dói*, expresso que minha alma está ainda de seu lado e fala com tristeza. Falo que diz palavras de lamento, como se estivesse surpresa com a súbita mudança, dizendo: *Oh! deixa-me, como se foge deste piedoso que me consolou!* Pode muito bem dizer "consolou", porque em sua grande perda este pensamento, que subia ao céu, lhe havia dado muito consolo.

Logo depois, como justificativa digo que todo o meu pensamento, isto é, a alma, da qual digo *esta angustiada*, se volta e fala contra os olhos. Isto se manifesta desse modo: *De meus olhos diz esta angustiada*. Digo que ela fala deles e contra eles três coisas. A primeira é que amaldiçoa a hora em que essa mulher os viu. Deve-se saber que, embora muitas coisas possam chegar aos olhos num mesmo momento, na verdade aquela que chega por linha reta ao centro da pupila, esta realmente se vê e na imaginação só ela é ratificada. Isto porque o nervo pelo qual corre o espírito visivo é dirigido para aquela parte. Na verdade, contudo, o olho não pode olhar o outro olho, de tal modo que um não é visto pelo outro, porque, como aquele que olha recebe a forma na pupila por linha reta, assim por aquela mesma linha sua forma vai para aquele que ele olha e, muitas vezes, ao endireitar esta linha, dispara o arco daquele para o qual todas as armas são leves. Quando digo, porém, *que essa mulher os viu*, é o mesmo que dizer que seus olhos e os meus se fitaram.

A segunda coisa que diz é que retoma sua desobediência, quando fala: *E por que não criam em mim a respeito dela?* Depois segue-se a terceira coisa e afirma que não se deve tomar providência, mas é para não obedecer-lhes; no entanto, diz que vez por outra, pensando nessa mulher, falava: Nos olhos dela deveria haver uma força sobre mim, se tivesse caminho livre para achegar-se. Nesse ponto, assim fala: *Eu dizia: Bem nos olhos dela*. Sem dúvida, é de acreditar que minha alma conhecia sua disposição apta para receber o ato dessa mulher, mas temia, porque o ato do agente é recebido no paciente predisposto, como diz o filósofo no segundo livro da *Alma*. Se a cera tivesse espírito para poder temer, recearia aproximar-se do raio do Sol, coisa de que a pedra não tem medo, desde que sua disposição capta isso como operação demasiado forte para ela.

Por último, a alma manifesta em suas palavras que sua presunção tinha sido perigosa, ao dizer: *E não me ajudou que tivesse notado, que não olhassem, pois estou aniquilada*. Não *olhassem* para lá, diz aquele de quem antes havia falado: *Aquele que anseia minhas pares*. E assim termina suas palavras, às quais responde o novo pensamento, como deverá ser exposto no capítulo seguinte.

## Capítulo X (XI)

Foi esclarecido o significado daquela parte em que a alma fala, isto é, o antigo pensamento que se corrompeu. Agora, prosseguindo, deve-se mostrar o significado da parte em que fala o pensamento novo, contrário. Esta parte está contida por inteiro no verso que começa: *Tu não estás morta*. Para bem entender essa parte, convém dividi-la em duas: a primeira (o pensamento contrário recrimina a alma de vileza e logo depois ordena o que deve fazer esta alma, isto é na segunda) inicia assim: *Olha quanto ela é piedosa*.

Diz, portanto, continuando suas últimas palavras: Não é verdade que estejas morta, mas a causa pela qual te parece estar morta, é um desmaio em que caíste vilmente por essa mulher que apareceu. Cumpre notar aqui, como diz Boécio em sua *Consolação*, "todo súbito movimento de coisas não ocorre sem algum estremecimento de ânimo". E isto se refere a este pensamento que é chamado "espiritozinho do amor", para dar a entender que meu consentimento se dobrava para ele. Pode-se entender muito melhor isso e reconhecer sua vitória, quando começa a dizer "nossa alma", tornando-se familiar com ela. Depois, como foi dito, ordena aquilo que essa alma deve fazer para atraí-la a si, e diz: *Olha quanto ela é piedosa e humilde*, porque duas coisas são remédio apropriado para o temor, do qual a alma parecia atribulada, e estas duas coisas, extremamente unidas, fazem a pessoa esperar com confiança, e sobretudo a piedade que, com sua luz, faz resplandecer toda bondade. Por isso Virgílio, ao falar de Eneias, em seu maior elogio o chama de piedoso. Não é a piedade a que se refere o povo em geral, isto é, condoer-se do mal de outrem, antes esse é um efeito especial dela, chamada misericórdia e é sentimento; mas piedade não é sentimento, é antes uma nobre disposição de ânimo, preparada para receber amor, misericórdia e outros sentimentos de caridade.

Depois diz: Olha também quanto é *sábia e cortês em sua grandeza*. Ora, diz três coisas que, podendo ser adquiridas, tornam a pessoa extremamente agradável. Diz "sábia": ora, o que há de mais belo numa mulher do que saber? Diz "cortês": nada assenta melhor numa mulher do que cortesia. E não seja a pobre gente do povo enganada com este vocábulo, porquanto supõem que cortesia não seja outra coisa senão magnanimidade; ora, magnanimidade é uma cortesia especial e não, geral. Cortesia e honestidade são uma coisa só. Por isso é que antigamente nas cortes as virtudes e os belos costumes eram praticados; como hoje se usa o contrário, foi tomado esse vocábulo das cortes e passou-se a dizer que cortesia equivale a uso das cortes. Se hoje se quisesse atribuir um vocábulo apropriado às cortes, especialmente na Itália, esse não poderia ser senão torpeza.

Diz ainda *em sua grandeza*. A grandeza temporal, como é entendida aqui, fica bem sobretudo se acompanhada das duas qualidades anteriores, uma vez que ela amplia a luz que mostra claramente o bem e o mal da pessoa. E quanto saber e quanto hábito virtuoso não aparecem quando não se tem essa luz! E quanta estultícia e quantos vícios podem ser discernidos por ter essa luz! Melhor seria para os grandes miseráveis, os tresloucados, os estultos e os viciados estar em ínfima condição, porque nem neste mundo, nem depois dessa vida seriam tão difamados. Na verdade, a esses Salomão diz no *Eclesiastes*[12]: "Outra abominável iniquidade vi debaixo do Sol, isto é, riquezas conservadas para o mal pelo dono delas."

Depois, prosseguindo, impõe-lhe, isto é, à minha alma, que chama pois essa sua mulher, prometendo-lhe que se contentará o suficiente, quando ela estiver revestida de seus adornos. Nesse momento diz: *Porque se tu não te enganas, verás*. Não diz outra coisa até o fim desse verso. E aqui termina o sentido literal de tudo aquilo que nesta canção exponho, falando àquelas inteligências celestiais.

## Capítulo XI (XII)

Finalmente, de acordo com o que diz a letra deste comentário, quando dividi as partes principais desta canção, eu me dirijo diretamente com minhas palavras à própria canção e a ela falo. Para que esta parte seja mais plenamente compreendida, digo que geralmente em toda canção é chamada "despedida", uma vez que os declamadores que por primeiro a utilizaram, fizeram-na porque, uma vez cantada a canção, com certa parte do canto a ela se retornasse. Raras vezes, porém, eu a fiz com essa intenção e, para que fosse notado, raras vezes a dispus com a ordem da canção, segundo a métrica e o ritmo, necessário na música, mas a redigi quando alguma coisa como acréscimo estético da canção era necessário dizer, fora de seu significado, como nesta e nas outras poderá ser observado.

Entretanto, no momento afirmo que a qualidade e a beleza de cada discurso estão entre si distanciadas e são diversas, porque a qualidade está no sentido e a beleza está no ornamento das palavras; uma e outra são agradáveis, embora a qualidade seja especialmente agradável. Por isso, desde que a qualidade dessa canção fosse desagradável ao ouvido de diferentes pessoas, na qual ocorrem muitas distinções, e a beleza fosse agradável à vista, pareceu-me necessário em função dos outros dar mais atenção à beleza do que à qualidade da canção. Sobre isso vou tratar nesta parte.

---

(12) Eclesiastes, V, 12.

Entretanto, como muitas vezes ocorre que o admoestar parece presunçoso, em certas condições o orador costuma falar a outrem indiretamente, dirigindo suas palavras não àquele por causa do qual fala, mas para outro. Este modo é realmente seguido aqui, porque à canção cabem as palavras e aos homens, a intenção. Digo, portanto: Acredito, canção, que raros são, isto é, poucos, aqueles que te compreendem bem. E apresento a causa, que é dupla. Primeira: realmente falas difícil – "difícil" digo, pelo motivo que assim é dita –; depois: realmente falas com vigor – "com vigor" digo, quanto à novidade do significado –. Ora, logo a seguir a admoesto e digo: Se porventura ocorrer que vás onde houver pessoas que parecem duvidar de tua razão, não desanimes, mas fala-lhes: Uma vez que não consegues ver minha qualidade, prestai atenção ao menos em minha beleza.

Mais que isso não quero dizer, mais do que já foi dito, senão: Ó homens, que não podeis captar o sentido desta canção, não a refuteis por isso, mas prestai atenção à sua beleza, que é grande por sua construção que segue os gramáticos, pela ordem do discurso que segue os oradores, pela harmonia de suas partes que segue os músicos. Essas belas coisas nela podem ser vistas por aquele que observa com atenção. Este é todo o sentido literal da primeira canção, que é entendida como a primeira iguaria.

## Capítulo XII (XIII)

Desde que o sentido literal foi explicado de modo suficiente, convém proceder à exposição alegórica e verdadeira. Entretanto, recorrendo ao início, exponho como foi perdido por mim o primeiro amor de minha alma; como foi mencionado anteriormente, caí em tamanha tristeza que nenhum conforto me ajudava. Depois de algum tempo, porém, minha mente, que tentava de todas as maneiras curar-me, decidiu, uma vez que nem meu consolo nem o dos outros resolvia, retornar ao modo que já havia conseguido consolar alguns desconsolados.

Pus-me então a ler o livro de Boécio, desconhecido para muitos, no qual, prisioneiro e expulso, encontrava consolo. Ouvindo também que Cícero havia escrito outro livro, no qual, tratando da *Amizade*, havia usado palavras de consolo para com Lélio, homem ilustre, por ocasião da morte de seu amigo Cipião, decidi ler também esse. Embora me fosse difícil entrar de repente em seu sentido, finalmente consegui penetrar de tal modo quanto a arte de gramática que possuía e um pouco de meu engenho me permitiam. Com esse engenho muitas coisas, quase como sonhando, há havia intuído, como se pode constatar em *Vida Nova*.

Como costuma acontecer quando alguém procura prata e, sem querer, encontra ouro, o que ocorre por uma causa imperscrutável, talvez não sem uma ordem divina, eu, que procurava consolar-me, encontrei não somente remédio para minhas lágrimas, mas vocábulos de autores, de ciências e de livros. Considerando-os, julgava precisamente que a filosofia, que era senhora desses autores, dessas ciências e desses livros, fosse coisa suprema. E a imaginava feita uma mulher gentil e não podia imaginá-la em ato algum que não fosse misericordioso; por isso que na verdade eu a contemplava com tanto gosto, que mal podia desviar os olhos dela. Em decorrência desse imaginar, comecei a dirigir-me ao local em que se manifestava verdadeiramente, isto é, às escolas dos religiosos e às discussões dos estudiosos de filosofia. Desse modo, em pouco tempo, talvez trinta meses, comecei a sentir tanto sua doçura, que seu amor expulsava e destruía qualquer outro pensamento.

Sentindo-me transportar do pensamento do primeiro amor à virtude deste, quase maravilhado abri a boca para recitar a canção transcrita antes, mostrando minha condição sob a figura de outras coisas. Uma vez que nenhuma rima de poetar popular era abertamente digna da mulher de que me enamorava, nem os ouvintes estavam tão bem dispostos que tão facilmente teriam compreendido as palavras fictícias, nem teriam acreditado no sentido verdadeiro como no fictício, porque se acreditava cegamente que estivesse aberto a esse amor ou que não estivesse. Comecei, portanto, a dizer: *Vós que com o intelecto o terceiro céu moveis*. E porque, como foi dito, esta mulher foi filha de Deus, rainha de tudo, nobilíssima e belíssima filosofia, deve-se ver quem foram esses movedores e esse terceiro céu. Primeiramente do céu, segundo a ordem exposta antes. Aqui não é necessário proceder dividindo e expondo literalmente, porque, transformando a palavra fictícia segundo ela soa naquilo que ela dá a entender, este sentido será suficientemente claro para a exposição feita.

# Capítulo XIII (XIV)

Para ver o que se entende pelo terceiro céu, convém ver primeiro o que quero dizer com este único vocábulo "céu". Depois se poderá ver como e por que tive de utilizar este terceiro céu. Por "céu" entendo a ciência e por "céus", as ciências, sobretudo por três semelhanças que os céus têm com as ciências. Com relação à ordem e ao número, em que parecem concordar, será visto ao tratar aquele vocábulo, isto é, "terceiro".

A primeira semelhança é a revolução de um e de outro em torno a um centro seu, porque cada céu móvel gira em torno de seu centro que, quanto a seu movimento, não se move. Assim também cada ciência se move em torno de seu objeto que ela não move, sendo que nenhuma ciência mostra seu próprio objeto, mas o supõe.

A segunda semelhança é o iluminar de um e de outro, porque cada céu ilumina as coisas visíveis e assim cada ciência ilumina as inteligíveis.

A terceira semelhança é promover o cumprimento das coisas dispostas. Essa ação de promover quanto à ordem formal, que é a substância do ser, todos os filósofos concordam que os céus sejam causa, embora proponham isso de modo diverso: alguns, pelos motores, como Platão, Avicena e Algazel[13]; outros, pelas próprias estrelas, especialmente as almas humanas, como Sócrates e também Platão e Dionísio Acadêmico; e outros ainda, pela força celestial que reside no calor natural da semente, como Aristóteles e os outros peripatéticos. Assim sobre a indução da perfeição acidental, as ciências são causa em nós; graças ao conhecimento que delas temos, podemos especular a verdade que é a derradeira perfeição nossa, como diz o filósofo no livro sexto da *Ética*, quando afirma que o verdadeiro é o bem do intelecto. Por essas semelhanças, juntamente com muitas outras, pode-se chamar a ciência de "céu".

Convém verificar agora a razão pela qual se costuma dizer "terceiro" céu. Para isso é necessário levar em consideração uma comparação entre a ordem dos céus e aquela das ciências. Como foi narrado anteriormente, os sete primeiros céus mais próximos de nós são aqueles dos planetas; depois há mais dois céus sobre estes, móveis, e um acima de todos, imóvel. Aos sete primeiros correspondem as sete ciências do Trívio e do Quadrúvio, ou seja, Gramática, Dialética, Retórica, Arismé-

---

(13) Avicenna é a latinização de Ibn Sina (980-1037), filósofo e médico árabe que alcançou grande prestígio no ocidente. Algazel é a latinização do nome Al-Ghazali, filósofo e jurista árabe.

trica, Música, Geometria e Astrologia. À oitava esfera, isto é, à estrelada, corresponde a ciência natural, que se chama Física, e a primeira ciência, que se chama Metafísica; à nona esfera corresponde a ciência moral; e ao céu fixo ou imóvel corresponde a ciência divina, que é denominada Teologia. E a razão pela qual assim é, brevemente será visto.

Digo que o céu da Lua se assemelha com a Gramática, porque a ele pode ser comparada por duas propriedades. Observando-se com atenção a lua, podem ser vistas duas coisas que lhe são próprias e que não são vistas nas outras estrelas. Uma é a sombra que nela existe, que outra coisa não é senão rarefação de seu corpo, sobre a qual não pode apoiar-se os raios do Sol e refletir-se como nas demais partes. A outra é a variação de sua luminosidade, que ora reluz de um lado, ora do outro, segundo como o Sol a vê. Estas duas propriedades tem também a Gramática porque, por sua ilimitação, os raios da razão nela não se apoiam, especialmente em relação aos vocábulos; e reluz ora aqui, ora acolá, porquanto certos vocábulos, certas declinações, certas construções estão em uso, mas houve tempo em que não estavam, e muitas já estiveram em uso e continuarão ainda, como diz Horácio no início de sua *Arte Poética*, ao escrever: "Muitos vocábulos que já caíram renascerão."

O céu de Mercúrio pode ser comparado à Dialética por duas características: Mercúrio é a menor estrela do céu, porque o comprimento de seu diâmetro não atinge mais de duzentas e trinta e duas milhas, segundo afirma Alfagrano, dizendo que corresponde à vigésima oitava parte do diâmetro da terra, que é de seis mil e quinhentas milhas. A outra característica que é a mais velada do alcance dos raios do Sol que qualquer outra estrela. Estas duas características estão na Dialética porque a Dialética é menor em seu corpo que qualquer outra ciência, uma vez que é compilada e definida nos únicos textos que se encontram entre a *Arte Antiga* e a *Arte Nova*[14]; e é mais velada que qualquer outra ciência, porquanto procede com argumentos mais artificiosos e necessitados de provas do que qualquer outra.

O céu de Vênus pode ser comparado à Retórica por duas características. Uma é a clareza de seu aspecto, é a mais suave para contemplar entre todas as outras estrelas; a outra é seu aparecimento, ora pela manhã, ora à tarde. Estas duas características se encontram na Retórica, porque a Retórica é a mais suave de todas as outras ciências,

---

(14) Era a distinção que se fazia entre as obras de Aristóteles, classificando na Arte Velha os textos de lógica e afinas, e na Arte Nova, as obras de física, metafísica e política.

uma vez que tende principalmente a isso. Além disso, aparece de manhã, quando diante do ouvinte o orador fala, e aparece à tarde da sera, isto é atrás, quando pela letra, em forma escrita, alguém lê pelo orador.

O céu do Sol pode ser comparado à Arismétrica por duas características: uma é que de sua luz todas as outras estrelas, recebendo-a, revelam sua forma; a outra é que os olhos não podem fitá-lo. Estas duas características se encontram na Arismétrica, porque todas as ciências são iluminadas por sua luz, uma vez que o conteúdo de cada uma delas é avaliado de um modo quantitativo e ao considerar esse conteúdo sempre se procede com números. Como na ciência natural o objeto é o corpo móvel, corpo móvel que possui uma razão intrínseca do próprio movimento e este *continuum* que caracteriza o corpo móvel é divisível ao infinito, sendo que sua consideração essencial é verificar os princípios das coisas naturais que são três, ou seja, matéria, limite e forma, nos quais se constata esse número. Não somente todos juntos, mas ainda em cada um subsiste número, se for considerado com sutileza. Por isso Pitágoras, segundo afirma Aristóteles no primeiro livro da Física, colocava como os princípios das coisas naturais o par e o ímpar, considerando que todas as coisas eram número. A outra característica do Sol é vista igualmente no número, do qual trata a Arismétrica, porquanto os olhos do intelecto não podem olhar para ele, uma vez que o número, enquanto considerado em si mesmo, é infinito, e isso nós não conseguimos compreender.

O céu de Marte pode ser comparado à Música por duas características. Uma é sua bela relação, porque, enumerando os céus móveis, de qualquer extremo se inicie, ou do ínfimo ou do supremo, o céu de Marte é o quinto, estando no meio de todos, isto é, dos primeiros, dos segundos, dos terceiros e dos quartos. A outra é o próprio Marte, que resseca e queima as coisas, porque seu calor é semelhante àquele do fogo; por isso é que ele parece da cor do fogo, às vezes mais e às vezes menos, de acordo com a densidade e a rarefação dos vapores que dele refluem, os quais, muitas vezes, se acendem por si, como é exposto no primeiro livro da *Metaura*[15], Albumasar[16] diz que o acendimento desses vapores significa morte de reis e modificações de reinos, uma vez que são efeitos do domínio de Marte. Sêneca[17] diz que na morte do imperador Augusto viu no alto uma

---

(15) Metaura é redução de Meteorologica, obra sobre física de Aristóteles

(16) Albumasar é a latinização do nome Abu Ma'shar, astrônomo árabe falecido no ano 886. Suas obras foram traduzidas e difundidas na Europa no século XII.

(17) Lucius Annaeus Seneca (01 a.C.-65 d.C.), filósofo latino; a passagem consta em sua obra Naturales Quaestiones I, 1, 3.

bola de fogo e em Florença, no início de sua destruição, foi vista no ar, em forma de uma cruz, grande quantidade desses vapores provindos da estrela de Marte. Estas duas características se encontram na Música, que está totalmente sujeita a leis de harmonia, como se constata nas palavras harmonizadas e nos cantos, nos quais, tanto mais suave é a harmonia resultante quanto mais belo é o acorde: essa atinge na música o máximo da beleza porque nela se realiza do mais mais perfeito. Além disso, a Música atrai a si os espíritos humanos, que são sobretudo como que vapores do coração, tão cativados ficam pelo encantamento dela quando executada. Assim a alma inteira, quando a ouve, bem como o sentimento de todos como que correm ao espírito sensível que recebe o som.

O céu de Júpiter pode ser comparado à Geometria por duas características. Uma é que se move entre dois céus contrários à sua boa temperança, como são aquele de Marte e aquele de Saturno. Por isso Ptolomeu diz, no livro mencionado, que Júpiter é estrela de massa temperada, entre o frio de Saturno e o calor de Marte. A outra é que entre todas as estrelas se mostra branca, quase prateada. Estas coisas se encontram na ciência da Geometria. A Geometria se move entre dois contrários, o ponto e o círculo – e em sentido amplo, digo "círculo" tudo o que for redondo, seja corpo, seja superfície – porque, como diz Euclides, o ponto é princípio daquela e, ainda, o círculo é naquela a mais perfeita figura que por isso necessita ter objetivo de fim. Desse modo, entre o ponto e o círculo a Geometria se move como entre princípio e fim, e estes dois se subtraem ao seu critério de infalibilidade, porque o ponto, por sua indivisibilidade é imensurável, e o círculo, por seu arco, é impossível torná-lo quadrado de modo perfeito e, por isso, é impossível medir com o ponto. Além disso, a Geometria é extremamente branca, porquanto é sem mácula de erro e extremamente certa de per si e por meio de sua auxiliar, que se chama Perspectiva.

O céu de Saturno tem duas características que o levam a ser comparado à Astrologia. Uma é a lentidão de seu movimento através dos doze signos, porque necessita mais de vinte e nove anos, segundo os escritos dos astrólogos, para completar sua órbita. A outra é que está mais alto que todos os outros planetas. Estas duas características se encontram na Astrologia, porque para completar sua órbita, ou seja, para compreendê-la, leva enorme espaço de tempo, seja porque sua demonstração vai além de qualquer uma das ciências já mencionadas, seja pela experiência que é necessária para ela, a fim de julgar corretamente. Além disso, é mais elevada que todas as outras porque, como diz Aristóteles no início do livro da Alma, a ciência é alta em nobreza pela nobreza de seu objeto e por sua certeza; e esta, mais que qualquer uma das já enumeradas, é nobre e elevada por causa do nobre e elevado objeto que trata do movimento do céu, bem como elevada e nobre por sua certeza que não apresenta falha alguma, como aquele que procede do mais perfeito e do mais bem-disposto princípio. Se alguém que nela subsiste alguma falha, não subsiste da parte dela, mas, como diz Ptolomeu, subsiste por nossa negligência e a ela deve ser imputada.

## Capítulo XIV (XV)

Logo depois das comparações apresentadas sobre os sete primeiros céus, convém prosseguir com os outros que são três, como mais vezes foi mencionado. Digo que o céu estrelado pode ser comparado à Física por três características e à Metafísica por outras três. Ele nos mostra por si duas coisas visíveis, tanto as muitas estrelas quanto a Galáxia, isto é, aquele círculo branco que o povo chama de Via de São Tiago. Mostra-nos um dos polos e o outro o mantém oculto; mostra-nos um movimento seu, de oriente a ocidente, e outro, que percorre de ocidente a oriente e que quase o mantém oculto. Por essa razão, convém ver antes a comparação com a Física e depois aquela com a Metafísica.

Digo que o céu estrelado nos mostra muitas estrelas porque, segundo as observações dos astrônomos do Egito, até a última estrela que lhes aparece no extremo sul, contam mil e vinte e dois corpos estelares, dos quais falo. Nisso tem grande semelhança com a Física, se observados com sutileza esses três números, isto é, dois, vinte e mil. Pelo dois entende-se o movimento local que por necessidade é executado de um ponto a outro. Pelo vinte entende-se o movimento da alteração porque, uma vez que do dez para cima não se procede senão alterando o próprio dez com os outros nove e consigo mesmo e uma vez que a mais bela alteração que ele recebe é a própria de si mesmo e a primeira que recebe seja vinte, com toda a razão por esse número se entende o mencionado movimento. Pelo mil entende-se o movimento do crescimento, porque nominalmente, isto é, este "mil", é o maior número, não podendo crescer mais senão multiplicando este mesmo. Estes três movimentos somente a Física mostra, como é provado no quinto capítulo do primeiro livro da *Física*.

Pela Galáxia este céu tem grande semelhança com a Metafísica. Convém saber que os filósofos tiveram opiniões diversas a respeito dessa Galáxia. Os pitagóricos disseram que o Sol uma vez se desviou de sua órbita e, passando por outros locais inadequados a seu calor, queimou o lugar pelo qual passou e permaneceu aquela aparência da queima; acredito que se apoiaram na fábula de Fetonte, narrada por Ovídio no início do segundo livro das *Metamorfoses*. Outros disseram, como Anaxágoras e Demócrito, que era luz do Sol refletida naquele local e provaram esta opinião com razões demonstrativas. Aquilo que Aristóteles tivesse dito a respeito não se pode captar muito bem, porque sua opinião não se encontra bem expressa em nenhuma das duas traduções. Acredito que tenha sido erro dos tradutores porque a nova parece dizer que isso seja um acúmulo de vapores debaixo das estrelas desse local que sempre estão acompanhadas deles; isso não parece representar motivo verdadeiro. A antiga diz que a Galáxia não é outra coisa senão uma multidão de estrelas fixas naquele local, tão pequenas que não podemos distingui-las daqui debaixo, aparecendo aquela luminosidade delas que denominamos Galáxia; pode ser que o céu nesse local seja mais denso e por isso retém e reflete essa luz. Esta opinião parecem ter Aristóteles, Avicena e Ptolomeu. Por isso, uma vez que a Galáxia é um efeito daquelas estrelas que não podemos ver e que somente por seu efeito podemos compreendê-las, é evidente que o céu estrelado tem grande semelhança com a Metafísica, porquanto a Metafísica trata das substâncias espirituais que, de modo semelhante, não podemos compreender a não ser por seus efeitos.

Além disso, o polo que vemos indica as coisas sensíveis que, tomando-as universalmente, a Física trata delas; e o polo que não vemos indica as coisas imateriais, que não são sensíveis, das quais trata a Metafísica. O citado céu tem, portanto, grande semelhança com essas duas ciências. E indica ainda essas duas ciências por seus dois movimentos. Pelo movimento de revolução que completa todos os dias e segue nova órbita de ponto a ponto indica a contingência das coisas naturais que cotidianamente realizam seu caminho e sua matéria muda de forma em forma; dessas trata a Física. Pelo movimento quase insensível que realiza de ocidente para oriente de um grau a cada cem anos indica as coisas as verdades metafísicas, as quais tiveram início com a criação de Deus e não terão fim; dessas trata a Metafísica. Diz-se que esse movimento indica aquelas porque essa circunvolução começou e não teria fim, porque a circunvolução é retornar a um mesmo ponto, ao qual não haverá de retornar este céu, segundo este movimento. Isso porque, desde o começo do mundo, pouco mais da sexta parte transcorreu e já estamos na última parte da existência do mundo; por isso esperamos realmente a consumação do movimento celestial. Desse modo, é evidente que o céu estrelado, por muitas características, pode ser comparado à Física e à Metafísica.

O céu cristalino, que anteriormente foi citado como Primeiro Móvel, pode ser comparado de modo bastante evidente com a Filosofia Moral, porque a Filosofia Moral, segundo afirma Tomás de Aquino comentando o segundo livro da *Ética*, nos dispõe às outras ciências. Como afirma o filósofo no quinto livro da Ética, "a justiça legal ordena as ciências a aprender e manda que não se deixa de aprendê-las e dominá-las". Assim também o mencionado céu ordena com seu movimento a cotidiana revolução de todos os outros, pela qual cada dia todos eles recebem e difundem na terra a influência de todas as suas partes. Se a revolução deste não ordenasse isso, pouco de sua influência chegaria à terra ou mesmo seria vista. Por isso, supondo que fosse possível que este nono céu não se movesse, a terça parte do céu estrelado não teria sido vista ainda em todos os lugares da terra; Saturno ficaria oculto em qualquer lugar da terra por catorze anos e meio; Júpiter ficaria oculto quase seis anos; Marte, quase um ano; o Sol, cento e oitenta e dois dias e catorze horas (digo dias, isto é, tanto tempo quanto medem esses dias); Vênus e Mercúrio, quase como o Sol, se ocultariam e se mostrariam; e a Lua ficaria oculta de todos por um espaço de catorze dias e meio. Não verdade, não haveria na terra geração, nem vida de animais ou de plantas; não haveria noite, nem dia, nem semana, nem mês, nem ano, mas todo o universo estaria em total desordem e o movimento dos outros seria em vão. Não seria de outra forma, se a Filosofia Moral cessasse, porquanto as outras ciências ficariam ocultas por algum tempo e não haveria geração nem vida feliz e em vão teriam sido escritas e herdadas da antiga sabedoria. Por essa razão, é bastante evidente que este céu por si pode ser comparado à Filosofia Moral.

Além disso, o Céu empíreo, por sua paz, se assemelha à Ciência Divina, que está repleta de toda paz e que não tolera contradição alguma de opiniões e de argumentos sofistas por causa da excelentíssima certeza de seu objeto, que é Deus. A respeito dela ele fala a seus discípulos: "Minha paz vos dou, a vós deixo minha paz". Dando e deixando, portanto, a eles sua doutrina, que é esta ciência de que falo. Salomão afirma a respeito dela: "Sessenta são as rainhas e oitenta as amigas concubinas; e as servas adolescentes são inumeráveis: uma é minha pomba, a minha perfeita." Chama a todas as ciências rainhas, concubinas e servas, mas a esta chama pomba porque é sem sombra de contradição e a chama perfeita porque transmita perfeitamente a verdadeira visão na qual nossa alma se tranquiliza.

Por isso, explicada desse modo a comparação entre os céus e as ciências, pode-se constatar que pelo terceiro céu entendo a Retórica, que é semelhante ao terceiro céu, como antes foi exposto.

## Capítulo XV (XVI)

Pelas semelhanças explicadas, pode-se ver quem são esses movedores a quem falo. São movedores daquele, como Boécio e Cícero (os quais, com a suavidade de seu discurso me induziram, como foi dito antes, no amor, isto é, no estudo desta gentilíssima senhora, a Filosofia), com os raios de sua estrela, que é a escritura da retórica; por isso, em toda ciência a escritura é estrela cheia de luz que revela aquela ciência.

Demonstrado isto, pode-se verificar o verdadeiro sentido do primeiro verso da canção transcrita, na exposição fictícia e na literal. Por essa mesma exposição pode-se compreender de modo suficiente o segundo verso, até aquela parte em que diz: *Este me leva a olhar uma senhora*. Nesse ponto, deve-se saber que esta mulher é Filosofia que é realmente mulher cheia de meiguice, ornada de honestidade, admirável em saber, gloriosa em liberdade, como será explicado no terceiro tratado, onde se tratará de sua nobreza. E onde diz: *Quem quiser alcançar a salvação, mire os olhos desta mulher*, os olhos desta mulher são suas demonstrações, as quais, dirigidas aos olhos do intelecto, enamoram a alma, libertada das contradições.

Ó suavíssimos e inefáveis semblantes, raptores subitâneos da mente humana, que nas demonstrações dos olhos da Filosofia apareceis, quando ela raciocina com seus amantes! Realmente em vós está a salvação, pela qual se torna bem-aventurado aquele que vos contempla e salvo da morte da ignorância e dos vícios. Onde se diz: *Se não teme angústia de suspiros*, deve-se entender se ele não teme o esforço do estudo e a angústia das dúvidas, as quais surgem em grande número desde o início dos olhos desta mulher, mas depois, continuando com sua luz, caem, como se fossem nuvenzinhas matutinas com o surgimento do Sol; e fica livre e cheio de certeza o familiar intelecto, como o ar é depurado e aclarado pelos raios meridianos.

O terceiro verso se compreende ainda pela exposição literal até onde diz: *A alma chora*. Aqui deve-se ter em mente alguma moralidade que pode ser notada nestas palavras: o homem não deve, por maior amigo que seja, esquecer os serviços recebidos do menos qualificado; se, no entanto, fosse necessário seguir um e deixar o outro, o melhor é seguir, com algum devido lamento por abandonar o outro, no qual se exprime o motivo de mais amor àquele que segue. Onde se diz *De meus olhos*, não se pretende dizer outra coisa senão que atormentado foi o momento em que a primeira demonstração dessa mulher entrou nos olhos de meu intelecto, o qual foi causa de todo determinante desse namoro. Onde diz *minhas pares*, entende-se as almas livres das misérias e dos vis deleites e dos costumes vulgares, dotadas de engenho e de memória. Depois diz *estou morta*, que parece contrário ao que foi dito antes sobre a salvação desta mulher. Deve-se ter presente, no entanto, que aqui fala uma das partes e lá, fala a outra, as quais litigam de modo diverso, de acordo com o que foi exposto anteriormente. Por isso não há que surpreender-se se lá se diz "sim" e aqui se diz "não", se bem se observar quem desce e quem sobe.

No quarto verso, onde se diz *um espiritozinho de amor*, entende-se um pensamento que nasce de minha contemplação. Por isso deve-se saber que por amor, nesta alegoria, sempre se entende essa contemplação que é aplicação do ânimo enamorado da coisa àquela coisa. Depois, quando diz *Verás de tão altos milagres adornada*, anuncia que, por meio dela, serão vistos os adornos dos milagres. Diz a verdade, porque os adornos das maravilhas é ver as causas daquelas; e ela as demonstra, como no princípio da Metafísica parece ouvir o filósofo dizer que, para ver esses adornos, os homens começaram a namorar essa mulher. A respeito do vocábulo "maravilha", mais detalhadamente se falará no tratado seguinte.

Todo o restante que se segue desta canção é de modo suficiente explicado pela outra exposição. Desse modo, ao final deste segundo tratado, digo e afirmo que a mulher de quem me enamorei com meu primeiro amor foi a belíssima e honestíssima filha do imperador do universo, a quem Pitágoras conferiu o nome de Filosofia. Aqui termina o segundo tratado (disposto a expor a canção) que, como primeira iguaria, é apresentada aos convivas.

## Tratado III

## Canção

*Amor que na mente pensa
de minha mulher apaixonadamente,
muitas vezes destila em mim pensamentos sobre ela,
que o intelecto sobre eles se fixa.
Seu falar tão docemente soa,
que a alma que escuta e ouve
diz: "Oh! deixa-me! Que não sou capaz
de dizer o que ouço de minha mulher!"*

*Certo é que me convém abandonar,
se for tratar daquilo que ouço dela,
aquilo que meu intelecto não compreende;
e daquilo que entende
grande parte, porque dizê-lo não saberia.*

*Se minhas rimas, porém, que entrarem
em louvor dela tiverem defeito,
disso se lamente o fraco intelecto
e nosso falar, que não tem força
para retratar tudo aquilo que diz Amor.*

*Não vê o Sol, que o mundo todo gira,*
*coisa tão gentil, quanto naquele momento*
*em que reluz no local onde mora*
*a mulher que me leva a falar Amor.*

*Todo Intelecto de lá de cima a olha,*
*e aqueles homens que aqui se enamoram*
*em seus pensamentos a encontram ainda,*
*quando o Amor os aplaca com sua paz.*

*Seu ser agrada tanto àquele que o criou,*
*que infunde sempre nela sua força*
*muito além dos limites de nossa natureza.*

*Sua alma pura,*
*que dele recebe esta salvação,*
*manifesta-a na pessoa em que aparece:*
*porque em suas belezas são vistas coisas tais*
*que os olhos daqueles em que ela reluz*
*enviam ao coração mensagens cheias de desejos,*
*que crescem e se tornam suspiros.*

*Nela baixa a virtude divina*
*como acontece no anjo que o vê;*
*e qualquer mulher gentil que isso não crer,*
*que vá com ela e observe seus atos.*

*Aí onde ela fala, desce*
*um espírito do céu, que assegura*
*como o alto valor que ela possui*
*está além do que comportam nossas possibilidades.*

*Os suaves atos que ela mostra a outrem*
*todos se empenham em suscitar Amor*
*naquela voz que o faz sentir.*
*Dela se pode dizer:*
*Gentil é na mulher o que nela se encontra,*
*e belo é tudo aquilo que a ela se assemelha.*

E pode-se dizer que sua vista ajuda
a aceitar aquilo que parece incrível;
com isso nossa fé é auxiliada:
por isso foi concebida desde a eternidade.

Coisas aparecem em seu semblante
que mostram prazeres do Paraíso,
digo nos olhos e em seu doce sorriso,
que lhe trazem Amor como em sua morada.

Coisas que superam nosso intelecto,
como raio de Sol um fraco olhar:
e como eu não as posso fitar,
convém que me contente em dizer pouco.

Sua beleza chove faíscas de fogo,
animadas de um espírito gentil
que é criador de todo bom pensamento;
e rompem como trovão
os inatos vícios que tornam alguém vil.

Por isso quando uma mulher ouvir sua beleza
lastimar por estar privada de reserva e humildade,
olhe para ela que é exemplo de humildade!
Esta é aquela que humilha todo perverso:
esta pensou em quem criou o universo.

Canção, parece que tu dizes o contrário
ao falar de uma irmão que tu tens;
porque esta mulher que tão humilde tornas,
ela a chama orgulhosa e desdenhosa.

Tu sabes que o céu está sempre reluzente e claro,
e quanto está nele, não se turba jamais;
mas nossos olhos por motivos diversos
chamam a estrela por vezes tenebrosa.

*Assim, quando ela a chama orgulhosa,*
*não considere a ela segunda a verdade,*
*mas somente segundo o que lhe parecia:*
*porque a alma temia,*
*e teme ainda, que me parece áspero*
*tudo o que vejo é que ela me parece próxima.*

*Quando preciso, desculpa-te deste modo;*
*e quando puderes, manifesta-te a ela:*
*dirás: "Senhora, se for de teu agrado,*
*falarei de ti em qualquer lugar."*

## Capítulo I

Como foi exposto no tratado precedente, meu segundo amor nasceu do misericordioso semblante de uma mulher. Amor que, encontrando minha vida disposta a seu ardor, como o fogo, se transformou de pequeno em grande chama, de modo que, não somente desperto, mas também dormindo, luz dela reverberava em minha cabeça. Quão grande fosse o desejo que o amor me dava para vê-la, não haveria como dizê-lo nem compreendê-lo. Não estava tão desejoso somente com relação a ela, mas de todas as pessoas que tivessem alguma proximidade com ela, por familiaridade ou por algum parentesco. Quantas noites se passaram, em que os olhos das outras pessoas se fechavam em sono e os meus continuavam olhando fixamente para o cantinho de meu amor! Como o crescente incêndio tende a mostrar-se também externamente, porquanto é impossível que fique oculto, veio-me a vontade de falar de amor, que de maneira alguma conseguia mais reprimir. Embora eu não fosse totalmente dono de meu raciocínio, somente por vontade do amor ou por minha presteza, a ele me aproximei diversas vezes e deliberei e tive a prova que, ao falar de amor, não havia discurso mais belo e mais proveitoso do que aquele em que se recomendava a pessoa amada.

Três razões me levaram a essa deliberação. Uma delas foi o próprio amor de mim mesmo, que é princípio de todos os outros, como cada um pode constatar, porque não existe modo mais lícito e mais discreto de prestar honra a si mesmo do que honrar o amigo. Considerando que não possa existir amizade entre pessoas muito distintas, em qualquer lugar em que subsista amizade, deve haver semelhança e onde há semelhança o elogio é comum e comum é a recriminação. Desta razão podem ser deduzidos dois grandes ensinamentos. O primeiro é não querer que alguém cheio de vícios se torne amigo, porque com isso se passa a ter opinião menos boa de quem se torna amigo. O segundo é que ninguém deve recriminar o amigo publicamente, porque o prejuízo retorna sobre si próprio, se for bem considerada a razão mencionada.

A segunda razão foi o desejo da manutenção dessa amizade. Por isso deve-se saber que, como diz o filósofo no nono livro da Ética, na amizade entre pessoas dissímiles por condição social convém que, para a conservação dela, subsista uma proporção entre elas, pela qual a dessemelhança seja reduzida quase a semelhança. Por exemplo, como entre o senhor e o servo, porque, embora o servo não possa retribuir semelhante benefício ao senhor quando por este for beneficiado, deve no entanto prestar o que de melhor puder com tanta solicitude e presteza, que aquilo que é dissímile de per si se torne semelhante pela demonstração de boa vontade. Manifestando-se esta, a amizade se firma e se conserva. Por isso é que eu, considerando-me menor que essa mulher e sentindo-me beneficiado por ela, tomei o propósito de falar dela segundo minha possibilidade que, mesmo que em si não seja semelhante, pelo menos a pronta vontade o mostra (porque, se pudesse, faria mais) e assim se torna semelhante àquela desta gentil senhora.

A terceira razão foi um argumento de previdência, porque, como diz Boécio, "não basta olhar somente aquilo que está diante dos olhos", isto é, o presente. Por isso nos é da a previdência que olha além, para aquilo que pode acontecer. Confesso que pensei que por muitos depois de mim talvez fosse considerado como superficial, ao ouvirem dizer que eu fui mudado pelo primeiro amor. Para eliminar, portanto, essa recriminação, nenhum argumento era melhor do que dizer quem era essa mulher que me havia mudado, porque, por sua evidente excelência, pode-se considerar sua virtude. Para compreender sua excelsa virtude, pode-se pensar que até a maior firmeza de ânimo pode desfazer-se diante dela e por isso não posso ser julgado leviano e instável. Comecei, portanto, a elogiar essa mulher e, se não conseguisse, pelo menos o tanto quanto pudesse. E comecei dizendo: *Amor que em minha mente pensa.*

Esta canção se divide em três partes principais. A primeira é toda a primeira estrofe, na qual se fala de modo introdutório. A segunda é composta das três estrofes seguintes, nas quais se trata daquilo que se pretende dizer, isto é, o elogio desta gentil mulher, sendo que o primeiro deles começa assim: *Não vê o Sol que todo o mundo gira*. A terceira parte é a quinta e última estrofe, na qual, dirigindo as palavras à canção, a livro de alguma incerteza. Cumpre, portanto, fazer a exposição dessas três partes por ordem.

## Capítulo II

Ocupando-me, portanto, da primeira parte, que foi posta como proêmio desta canção, digo que convém dividi-la em três partes. A primeira trata da inefável condição deste tema. A segunda descreve minha incapacidade para tratar de maneira perfeita o mesmo tema. Por isso esta segunda parte começa desse modo: *Certo é que me convém abandonar*. Por fim, desculpo-me de minha incapacidade, na qual explico que a culpa não é minha e começo essa parte dizendo: *Se minhas rimas, porém, tiverem defeito*.

Diz, portanto: *Amor que em minha mente pensa*. Deve-se verificar principalmente quem é esse pensador e que local é esse no qual ele pensa. Amor, tomado verdadeiramente e considerado com sutileza, não é outra coisa senão união espiritual da alma e da coisa amada. Nessa união, por sua própria natureza a alma corre imediatamente ou tarde, à razão em que estiver livre ou impedida. A razão dessa naturalidade pode ser esta. Todas as formas substanciais procedem de sua primeira causa, que é Deus, como está escrito no livro *Das Causas*, e por ela não adquirem diversidades, porque ela é simplicíssima, mas pelas causas secundárias e pela matéria de que são formadas.

Por isso no mesmo livro está escrito, ao tratar da infusão da bondade divina: "E tornam-se diversas as bondades e os dons pelo concurso da coisa que recebe." Por isso, uma vez que cada efeito detém algo da natureza de sua causa – como diz Alpetragio[18] quando afirma que aquilo que é causado por corpo circular conserva de algum modo

---

[18] Alpetragio é a latinização do nome Abu Ishaq Nur ad-Din Al-Bitrugi, astrônomo que nasceu e viveu na comunidade árabe de Sevilha, Espanha, tendo falecido no ano de 1204.

algo de circular – cada forma tem algo do ser da natureza divina de algum modo. Não que a natureza divina esteja dividida e comunicada naquelas, mas é participada por aquelas, quase do mesmo modo que a natureza do Sol é participada nas outras estrelas. E quanto mais nobre for a forma, tanto mais possui dessa natureza. Por isso a alma humana, que é a forma mais nobre de todas aquelas que são geradas debaixo do céu, recebe mais da natureza divina do que qualquer outra.

Por isso é que é naturalíssimo em Deus querer ser – entretanto, como se lê no mencionado livro, "a primeira coisa é o ser, e antes dele nada existe" -, a alma humana quer ser naturalmente com todo o desejo. Entretanto, como seu ser depende de Deus e por ele se conserva, naturalmente deseja e quer estar unida a Deus para fortalecer seu ser. Como, porém, nas bondades da natureza e da razão se mostra a divina bondade, decorre naturalmente que a alma humana com aquelas por per via espiritual se une, tanto mais rápida e mais intensamente quanto mais aquelas são perfeitas. A aparência de perfeição é definida à razão de que o conhecimento da alma for claro ou impedido. E esta comunhão é aquilo que nós denominamos amor, pelo qual se pode conhecer a natureza da alma, vendo externamente aquele que se ama. Este amor, isto é, a união de minha alma com esta gentil mulher, na qual podia ver muito da divina luz, é aquele pensador a que me refiro, porquanto dele nasciam contínuos pensamentos que miravam e examinavam o valor dessa mulher que espiritualmente se havia tornado uma só coisa com minha alma.

O local em que afirmo que ele pensa é a mente. Para afirmar, porém, que seja a mente, não se compreende mais do que se entendia antes. Por isso se deve verificar o que esta mente propriamente significa. O filósofo, no segundo livro da *Alma*, enumerando os poderes dessa, diz que a alma tem especialmente três poderes, isto é, viver, sentir e pensar. Acrescenta ainda, comover-se. Esta, porém, pode ser unida ao sentir, uma vez que toda alma que sente, com todos os sentidos ou com um só, se comove, de modo que comover-se é um poder unido ao sentir.

De acordo com o que ele diz, é evidente que estes poderes estão ligados entre si, de modo que um é fundamento do outro e aquele que é fundamento pode por si apartar-se, mas o outro, que se baseia nesse, não pode dele afastar-se. Por isso, o poder vegetativo, pelo qual se vive, é fundamento pelo qual se sente, isto é, se vê, ouve, degusta, cheira e toca. E este poder vegetativo pode por si só constituir a alma, como vemos em todas as plantas. O poder sensitivo sem aquele não pode existir e não se encontra em qualquer coisa que não viva. Este poder sensitivo é fundamento do intelectivo, isto é, da razão. Entretanto, nas coisas animadas mortais, o poder da razão não se encontra sem o poder sensitivo, mas o sensitivo se encontra sem aquele, como constatamos nos animais, nas aves, nos peixes e em todo o animal irracional.

Aquela alma que possui todos esses poderes, e é a mais perfeita de todas as outras, é a alma humana que, com a nobreza do último poder, isto é, a razão, participa da natureza divina à maneira de sempiterna inteligência. Uma vez que a alma é tão nobilitada naquele soberano poder e desnudada de matéria, que a luz divina, como num anjo, se reflete nela. Por isso o homem é chamado pelos filósofos de animal divino. Nesta nobilíssima parte da alma há mais faculdades, como diz o filósofo especialmente no sexto livro da *Ética*, onde afirma que há nela uma faculdade chamada científica e outra denominada raciocinativa ou aconselhadora. Junto com essas existem algumas faculdades – como diz Aristóteles na mesma passagem – como a inventora e a julgadora. Todas essas nobilíssimas faculdades, e outras que subsistem nesse excelso poder, em seu conjunto são designadas por esse vocábulo que se questionava qual fosse, isto é, mente. É evidente, portanto, que por mente se entende esta última e nobilíssima parte da alma.

Constata-se que essa fosse a intenção porque somente ao homem e às divinas substâncias é que se atribui esta mente, como se pode ver claramente em Boécio que a atribui primeiramente aos homens, quando diz à Filosofia: "Tu e Deus, que na mente dos homens pusestes"; depois a atribui a Deus, quando diz a ele: "Todas as coisas produzes do supremo exemplo, tu, belíssimo, que trazes belo mundo na mente". Nunca foi atribuída a animal irracional, antes a muitos homens que parecem estar privados dessa perfeitíssima parte, não parece que se possa nem que se deva atribuí-la; por isso esses tais são chamados na gramática de amentes e dementes, isto é, privados da mente. Já se pode, portanto, constatar o que é mente: é aquela sutil e preciosíssima parte da alma que é reflexo do poder divino. E este é o local em que afirmo que o Amor pensa em minha mulher.

## Capítulo III

Não é sem motivo que afirmo que este amor em minha mente age, mas racionalmente isso é dito para significar de que amor se trata, em razão do local em que age. Por isso deve-se saber que cada coisa, como já foi dito, pela razão há pouco mostrada, tem seu amor especial. Como os corpos simples têm amor que os impele para seu local específico, por isso a terra sempre pende para o centro; o fogo tem amor pela circunferência acima, em direção ao céu da lua, e por isso sempre sobe em direção àquele. Os mais elementares corpos compostos, como os minérios, têm amor pelo local em que sua composição se produziu formalmente e naquele crescem e adquirem vigor e poder; por isso constatamos que o ímã sempre recebe força da parte de sua composição. As plantas, que possuem uma atividade motora inicial, têm amor por determinado local específico, segundo o requer sua constituição. Por isso vemos certas plantas contentar-se por estarem junto às águas, outras nos cumes das montanhas, outras nas praias e ao sopé dos montes; se forem transplantadas, ou morrem totalmente ou sofrem para sobreviver, como coisas separadas de seu amigo. Os animais irracionais têm amor mais evidente não somente aos locais, mas constatamos que se amam mutuamente. Os homens têm seu próprio amor pelas coisas perfeitas e honestas. Por isso é que o homem, embora uma só substância constitua toda a sua forma, por sua nobreza possui em si os poderes reunidos de todas as ordens naturais e todos esses amores pode tê-los e os tem todos.

Pela natureza do simples corpo, que no indivíduo domina, é naturalmente levado para baixo; por isso, quando move seu corpo para cima, mais se cansa. Pela segunda natureza, do corpo misto, ama mais o local de sua geração e também o tempo; por isso, cada indivíduo é naturalmente de corpo mais vigoroso no local em que foi gerado e no tempo de sua geração que em outro. Por essa razão é que nas histórias de Hércules, nas *Metamorfoses* de Ovídio, em Lucano e em outros poetas pode-se ler que, combatendo com o gigante chamado Anteu, todas as vezes que o gigante se cansava e deixava seu corpo ficar distendido sobre a terra, fosse por sua vontade ou pela força de Hércules, nele ressurgia força e vigor inteiramente da terra, na qual e da qual havia sido gerado. Notando isso, por fim Hércules o agarrou e, segurando-se levantado do chão, tanto tempo o manteve sem deixá-lo tocar o chão, que o venceu pela coragem e o matou. Esse combate ocorreu na África, segundo o testemunho dos escritos.

Pela terceira natureza, isto é, a das plantas, o homem tem amor por determinado alimento (não enquanto tenha necessidade, mas enquanto é nutritivo) e esse determinado alimento torna a obra dessa natureza perfeitíssima, e a outra não, antes a torna imperfeita. Por isso constatamos que certos alimentos tornam os homens formosos e vigorosos, com uma aparência de cor bem viva, e certos alimentos produzem o efeito contrário.

Pela quarta natureza, a dos animais, isto é, sensitiva, o homem possui outro amor, pelo qual ama as qualidades físicas que excitam os sentidos, como animal; esse amor tem especialmente necessidade no homem de guia que o modere e refreie no agir, sobretudo nas delícias do gosto e do tato.

Pela quinta e última natureza, isto é, a verdadeiramente humana ou, para dizer melhor, angélica, ou seja, racional, o homem tem amor à veritade e à virtude. Deste amor nasce a verdadeira e perfeita amizade, oriunda da virtude, da qual fala o filósofo no oitavo livro da Ética, quando trata da amizade.

Uma vez que essa natureza se chama mente, como foi mostrado há pouco, por isso eu disse "Amor que pensa na mente", para dar a entender que este amor era aquele que naquela nobilíssima natureza nasce, isto é, de verdade e de virtude e, para excluir toda falsa opinião a meu respeito, pela qual fosse suspeito que meu amor tendesse às delícias sensíveis. Digo depois *apaixonadamente* para dar a entender sua continuação e seu fervor. Digo ainda "muitas vezes destila em mim pensamentos sobre ela que o intelecto sobre eles se fixa". E o digo realmente, uma vez que meus pensamentos, voltados a ela, muitas vezes queriam concluir coisas a respeito dela que eu não podia entender e me perdia, de modo que me parecia estar longe de onde devia, como quem olha com o olhar em linha reta e primeiramente vê as coisas próximas claramente; depois, prosseguindo, menos claras as vê; mais adiante, duvida; e, finalmente prosseguindo mais além, alongando o olhar, nada mais consegue ver.

Esta é uma das coisas inefáveis daquilo que tomei por tema e, por conseguinte, narro outra quando digo: *Seu falar*. Digo que meus pensamentos – que se destinam a falar de Amor – "soam tão docemente", que minha alma, isto é, meu afeto, clama para poder narrar isso com a língua e, porque não posso dizê-lo, afirmo que a alma se lamenta dizendo: *Deixa! Que não sou capaz*. Esta é a outra coisa inefável, ou seja, que a língua não segue totalmente aquilo que o intelecto vê. E digo *a alma que o escuta e ouve*: "escutar", quanto às palavras, e "ouvir", quanto à suavidade do som.

## Capítulo IV

Quando se pensar nas duas coisas inefáveis desta matéria, convém pensar também nas palavras que narram minha incapacidade. Digo, portanto, que minha incapacidade procede de maneira dupla, como duplamente transcende a superioridade dela, pelo modo como é exposto, porquanto convém para mim deixar por insuficiência de intelecto muito daquilo que é verdade nela e que quase resplende em minha mente, a qual como corpo diáfano recebe aquilo que é nela verdade, mas não completamente. Isto afirma naquela pequena parte seguinte: *Certo é que me convém abandonar*. Depois, quando digo *E daquilo que entende*, afirmo que não somente aquilo que meu intelecto não capta, mas também aquilo que entendo de modo suficiente, mas que minha língua é incapaz de traduzir aquilo que em meu pensamento é concebido, porque deve-se constatar que, a respeito da verdade, aquilo que disser será pouco.

Se bem for observado, isso resulta em grande elogio para ela, o que realmente se pretende. Pode-se muito bem dizer que essa oração derive da arte da oratória, na qual cada parte se refere à intenção principal. Depois, quando diz: *Se minhas rimas, porém, tiverem defeito*, eximo-me de uma culpa, da qual não devo ser culpado, desde que outros vejam que minhas palavras são inferiores à dignidade dela. Digo ainda que, se houver defeito em minhas rimas, isto é, em minhas palavras que estão dispostas para tratar dela, deve-se lastimar por isso a debilidade do intelecto e a inadequação de nosso falar, o qual é vencido pelo pensamento, de modo que segui-lo plenamente não consegue, sobretudo na situação em que o pensamento nasce do amor, porque aqui a alma se empenha muito mais profundamente que em qualquer outra situação.

Alguém poderia dizer: "Tu te escusas [e acusas] a ti mesmo ao mesmo tempo", porque é argumento de culpa e não, justificativa, uma vez que a culpa é conferida ao intelecto e ao falar, que é meu, porquanto como, se ele for bom, eu devo ser elogiado por isso, ao passo que se for (e é mesmo) defeituoso, devo ser recriminado. A isso pode-se responder facilmente que não me acuso, mas realmente me escuso. Por isso deve-se saber, segundo a opinião do filósofo no terceiro livro da *Ética*, que o homem é digno de elogio e de vitupério somente naquelas coisas que estão em seu poder fazê-las ou não fazê-las; mas naquelas em que não tem capacidade não merece nem elogio nem vitupério, devendo um e outro ser dirigidos a outro, embora as coisas sejam parte do próprio homem. Por isso não devemos vituperar alguém porque seu corpo é feio de nascença, uma vez que não estava em seu poder fazer-se bonito, mas devemos vituperar a má disposição da matéria da qual é feito, que foi princípio da falha da natureza. De igual modo, não devemos elogiar alguém pela beleza que mostra em seu corpo desde seu nascimento, porque não foi ele fautor disso, mas devemos elogiar o artífice, isto é, a natureza humana que tamanha beleza produz em sua matéria, quando não for impedida por ela. Por isso falou muito bem o padre ao imperador que ria e desprezava a feiura de seu corpo: "Deus é Senhor: foi ele, e não nós, quem nos criou". Essas palavras são do profeta, num verso do saltério, escritas nem mais nem menos como na resposta do padre. Entretanto, vemos os malnascidos malvados que põem toda a sua preocupação em enfeitar sua pessoa e não em adornar seus atos, que deveriam ser todos praticados com honestidade; isso é a mesma coisa que ornar a obra de outrem e abandonar a própria.

Retornando, pois, ao tema, afirmo que nosso intelecto, por falha da virtude da qual extrai aquilo que vê, que é virtude intrínseca no homem, isto é, a fantasia, não pode elevar-se a certas coisas (uma vez que a fantasia não pode ajudá-lo, porque não tem como fazê-lo), como as essências divididas por sua concretez, das quais, se pudéssemos ter sem aquela alguma consideração, não poderíamos entendê-las nem compreendê-las perfeitamente. Disso, não se deve recriminar o homem, porque não foi ele, afirmo, o fautor dessa falha, antes foi a natureza universal que fez isso, isto é, Deus, que quis privar-nos nesta vida dessa luz. O motivo que o levou a fazer isso, seria muita presunção questionar.

Desse modo, se minha consideração me transportava em parte onde a fantasia era deficiente para o intelecto, se eu não podia entender, não devo ser recriminado por isso. Além disso, a nosso engenho é posto um limite, mesmo a cada ato seu, não por nós, mas pela natureza universal. Por isso se deve saber que mais amplos são os limites da arte de pensar do que a de falar, e mais amplos aqueles de falar do que de representar. Se nosso pensamento, portanto, não somente aquele que não chega à perfeita compreensão, mas também aquele de que se atinge a perfeita compreensão, sobrepuja o falar, não somos nós que devemos ser recriminados, uma vez que não somos nós os fautores disso. Por isso me proponho realmente em escusar-me quando digo: *Disso se lamente o fraco intelecto e nosso falar que não tem força para retratar tudo o que diz Amor.* Por essa razão se deve claramente observar a boa vontade, à qual se deve ter consideração ao avaliar os méritos humanos. Desse modo, pois, deve ser entendida a primeira parte desta canção, de que se trata no momento.

# Capítulo V

Ao explicar a primeira parte, foi desvendado o sentido dela. Convém prosseguir com a segunda que, para melhor compreendê-la, é dividida em três partes, seguindo as três estrofes de que é composta. Na primeira parte recomendo esta mulher inteira e comumente, tanto na alma quanto no corpo; na segunda, teço um elogio específico à alma; na terceira, um elogio específico ao corpo. A primeira parte começa assim: *Não vê o Sol que o mundo todo gira*; a segunda começa com: *Nela baixa a virtude divina*; a terceira, desse modo: *Coisas aparecem em seu semblante*. Estas partes devem se explicadas por ordem.

Começa assim a primeira: *Não vê o Sol que o mundo todo gira*. Nesta frase deve-se saber, para atingir uma completa compreensão, como o mundo é girado pelo Sol. Antes devo explicar que por mundo não entendo aqui todo o corpo do universo, mas somente esta parte do mar e da terra, seguindo a dicção popular, porque assim se costumar falar. Por isso alguém diz "aquele que viu todo o mundo", querendo indicar parte do mar e da terra. Pitágoras e seus seguidores diziam que este mundo era uma das estrelas e que tinha outra oposta, feita do mesmo modo, chamada Antístona. Diziam que ambas estavam numa órbita que se movia do ocidente para oriente e, por esta revolução, o Sol girava em torno de nós e ora era visto, ora não visto. Diziam que a massa solar estava no meio delas, afirmando que aquele era corpo mais nobre que a água e que a terra e colocando o nobilíssimo meio entre os lugares dos quatro corpos simples. Por isso diziam que o fogo, quando parecia subir, na verdade descia para o meio.

Platão era de outra opinião e escreveu num de seus livros, intitulado Timeu, que a terra junto com o mar estava certamente no meio de tudo, mas que sua circunferência inteira girava em torno de seu centro, seguindo o primeiro movimento do céu, mas com movimento muito lento por causa de sua pesada massa e por causa da enorme distância daquele. Estas opiniões são classificadas como falsas no segundo livro *De Celo et Mundo* daquele glorioso filósofo, ao qual a natureza mais desvendou seus segredos. Ele prova nesse livro que este mundo, isto é, a terra, ser estável em si e fixa para sempre. Suas razões, que Aristóteles afirma ser contrário a elas e provar a verdade, não é minha intenção narrar aqui, porque é o quanto basta para as pessoas a quem falo, saber, pela grande autoridade do filósofo, que esta terra está fixa e não gira e que ela, juntamente com o mar, está no centro do universo.

Este céu gira em torno deste centro continuamente, como o vemos. Para esse giro é necessário que existam dois polos firmes e um círculo igualmente distante daqueles que gire ao máximo. Desses dois polos, um é conhecido de quase toda a terra descoberta, ou seja, este setentrional. O outro está oculto a quase toda a terra descoberta, isto é, o meridional. O círculo que está no meio desses é aquela parte do céu sob a qual o Sol gira quando se encontra na constelação do Aríete e naquela de Libra. Por isso se deve saber que, se uma pedra pudesse cair deste nosso polo, cairia lá além no oceano, precisamente naquele ponto do mar onde, se houvesse alguém, a estrela estaria sempre por sobre sua cabeça. Acredito que, de Roma a este lugar, seguindo reto em direção norte, haja uma distância de quase duas mil e seiscentas milhas ou pouco mais ou menos. Imaginando, portanto, para melhor averiguar, que nesse lugar de que falei existisse uma cidade chamada Maria, afirmo ainda que, se do outro polo, ou seja, o meridional, caísse uma pedra, haveria de cair naquele ponto do oceano que está precisamente nessa bola do lado oposto a Maria. Acredito que de Roma, lá onde haveria de cair essa segunda pedra, caminhando em linha reta para o sul, haja uma distância de sete mil e quinhentas milhas ou pouco mais ou menos.

Imaginemos outra cidade, chamada Lucia. Há, entre uma e outra, no meio do círculo de toda esta bola, uma distância, de qualquer lado que se puxe a corda, de dez mil e duzentas milhas, de modo que os cidadãos de Maria mantêm a planta dos pés contra a planta dos pés daqueles de Lucia. Imagine-se também um círculo sobre esta bola que em cada uma de suas partes esteja na mesma distância tanto de Maria quanto de Lucia. Acredito que este círculo – pelo menos por quanto compreendo através das opiniões dos astrólogos e por meio daquela de Alberto da Alemanha[19] no livro da *Natureza dos lugares e das propriedades dos elementos*, e também por meio do testemunho de Lucano[20] em seu nono livro – dividiria esta terra emersa do oceano, lá no sul, quase por toda a extremidade do primeiro clima, onde se encontram entre outros povos os garamantes [21] que estão quase sempre nus; até eles chegou Catão com o povo de Roma, fugindo da dominação de César.

---

(19) Trata-se de Alberto Magno, também chamado Albertus Teutonicus (1193?-1280), grande escritor, professor e fundador de muitas escolas, apelidado Doctor Universalis.
(20) Marcus Annaeus Lucanus (séc. I d.C.), autor da obra Pharsalia.
(21) Garamantes eram chamados os habitantes da Líbia interior.

Assinalados esses três lugares sobre essa bola, pode-se verificar facilmente como o Sol gira em torno dela. Afirmo, portanto, que o céu do Sol se dirige do ocidente para oriente, não em linha reta contra o movimento diurno, isto é, do dia e da noite, mas em órbita oblíqua contra aquele, de modo que o meio de seu círculo, que está igualmente equidistante de seus polos, no qual está o corpo do Sol, corta em duas partes opostas o círculo dos dois primeiros polos, isto é, no início da constelação do Aríete e no início daquela de Libra, e por ele é dividido em dois arcos, um em direção ao norte e outro em direção ao sul. Os pontos do meio, dos quais arcos se afastam igualmente do primeiro círculo, de cada lado, por vinte e três graus e mais um ponto; e um ponto é o trópico de Câncer e o outro ponto é o trópico de Capricórnio.

É necessário, contudo, que Maria veja na constelação de Aríete, quando o Sol chega sob o meio círculo dos primeiros polos, o próprio Sol girar o mundo em torno da Terra ou do mar, como uma mó da qual não apareça senão a metade de seu corpo; e veja esta vir subindo como um parafuso de rosca, de modo que complete noventa e uma revoluções e pouco mais. Completadas essas revoluções, seu surgimento em Maria quase como surge para nós na linha do equador, quando o dia é igual à metade da noite. Se um homem se dirigisse para Maria e mantivesse sempre o rosto voltado para o Sol, aquele caminhar seria visto sendo executado para a direita. Depois, da mesma maneira, parece descer outras noventa e uma revoluções e algo mais, de modo que gira em torno da Terra ou do mar, mostrando-se não em sua totalidade. Depois se oculta e Lucia começa a vê-lo, cujo surgir e descer em torno de si vê então com outras tantas revoluções quantas Maria vê. Se um homem se dirigisse direto para Lucia, sempre que voltasse o rosto em direção do Sol, esse caminhar seria visto ser executado para a esquerda.

Por isso se pode constatar que esses lugares têm um dia do ano de seis meses e uma noite de igual duração. E quando um tem o dia, o outro tem a noite. É necessário também que o círculo onde estão os garamantes nessa bola, como foi dito, veja o Sol precisamente girando acima, não como uma mó, mas como uma roda, da qual não poderá ver em parte alguma senão a metade, quando está sob a constelação de Aríete. Depois o vê partir e dirigir-se para Maria durante noventa e um dias e algo mais e, por outros tantos, retornar. Quando tiver voltado, chega sob a constelação de Libra e também parte e se dirige para Lucia durante noventa e um dias e pouco mais e, em outros tantos, retorna. Esse local que cerca toda a bola, tem sempre o dia igual à noite, de qualquer lado que o Sol esteja, e duas vezes por ano tem um verão de calor intenso e dois pequenos invernos.

É necessário também que os dois espaços que estão no meio das duas cidades imaginadas e o círculo do meio vejam o Sol de modo diverso, segundo a distância e a proximidade desses lugares, como pode ver, por aquilo que foi dito, aquele que tem nobre engenho, ao qual é bom deixar a tarefa de deduzir por si. Já se pode ver com isso que, graças à providência divina, o mundo está disposto de tal forma que, girando a esfera do Sol e retornando a um ponto, esta bola em que estamos, em cada uma de suas partes, recebe tanto tempo de luz quanto de trevas. Ó inefável sabedoria que assim dispuseste, quão pobre é nossa pobre mente para te compreender! E vós, para cuja utilidade e deleite escrevo, em que tamanha cegueira viveis, não erguendo vossos olhos para essas coisas, mas mantendo-os fixos na lama de vossa estultícia!

## Capítulo VI

No capítulo precedente foi mostrado como o Sol gira, de modo que já se pode prosseguir para demonstrar o sentido que se confere a esta parte. Digo, portanto, que nesta primeira parte começo a recomendar essa mulher em comparação com outras coisas. Afirmo que sol, girando em torno do mundo, não vê coisa tão gentil como ela. Disso se segue que essa seja, de acordo com as palavras, a mais gentil de todas as coisas que o sol ilumina. E diz *naquela hora*. Por isso deve-se saber que "hora" é tomada de duas maneiras pelos astrólogos. Um é que, juntando o dia e a noite, são vinte e quatro horas, isto é, doze do dia e doze da noite, qualquer que seja a duração do dia. Essas horas se tornam curtas e longas no dia e na noite, de acordo com o aumento ou a diminuição da noite. Essas horas são usadas pela Igreja quando diz prima, terça, sexta e nona, sendo chamadas horas temporais. A outra maneira é que, somando o dia e a noite vinte e quatro horas, por vezes o dia tem quinze horas e a noite, nove; outras vezes, a noite tem dezesseis horas e o dia, oito, de acordo com o aumento ou a diminuição do dia e da noite. Essas são chamadas horas iguais. No equinócio, estas e aquelas que são chamadas temporais são sempre uma coisa só, porque, sendo o dia igual à noite, é conveniente que assim seja.

Depois, quando digo: *Todo intelecto de lá de cima a olha*, refiro-me a ela, não tendo em mente outra coisa. Digo que as Inteligências do céu a olham e que as pessoas gentis daqui da terra pensam nela, quando mais têm daquilo que as agrada. Deve-se saber aqui que todo intelecto superior, como está escrito no livro *Das Causas*, conhece aquilo que está acima dele e o que está abaixo dele. Conhece, portanto, a Deus como sua causa, conhece aquilo que está abaixo dele como seu efeito. Uma vez que Deus é causa universalíssima de todas as coisas, ele ao conhecer, conhece todas as coisas em sua essência formal, segundo o modo da inteligência. Por isso todas as inteligências conhecem a forma humana enquanto está presente na mente de Deus que a cria. E de modo especialíssimo a conhecem as inteligências motoras, uma vez que são causas mediatas daquela e de toda forma geral e conhecem aquela perfeitíssima, tanto quanto pode ser, como a verdade expressa pela lei e pela aplicação prática. Se a própria forma humana, modelado e individuada, não é perfeita, não o é tampouco o próprio modelo, mas da matéria que indica. Por isso quando digo *Todo intelecto lá de cima a olha*, não quero dizer outra coisa senão que ela corresponde perfeitamente ao modelo intencional da essência humana que está na mente divina e, por ela, em todas as outras, sobretudo naquelas mentes angélicas que com o céu criam essas coisas aqui debaixo.

Para afirmar isso, acrescento: *E aquelas pessoas que aqui se enamoram*. Cumpre ressaltar que cada coisa deseja sobretudo sua perfeição e nela se abranda seu desejo e por ela todas as coisas são desejadas. Esse é aquele desejo que sempre deixa a impressão que falta todo prazer, porque nenhum prazer é tão grande nesta vida que possa tirar a sede de nossa alma, que o desejo como tal não permaneça sempre no pensamento. Uma vez que essa é verdadeiramente aquela perfeição, por isso digo que aquelas pessoas aqui gozam de maior prazer quanto mais estão em paz, permanecendo então esta em seus pensamentos, porque esta é tão perfeita quanto sumamente pode ser a essência humana.

Depois quando digo *Seu ser agrada tanto àquele que o criou*, mostro que não somente essa mulher é a mais perfeita na geração humana, mas mais que perfeita enquanto recebe da bondade divina além do estabelecido para o homem. Por isso com toda a razão se pode acreditar que, como cada artista gosta mais de sua melhor obra do que as outras, assim Deus ama mais a pessoa humana que é a melhor entre todas as demais. Por isso é que sua longanimidade não é restringida por necessidade de limite algum, seu amor não faz acepção de quem o recebe, mas supera tudo em dom e benefício de virtude e de graça. Por isso afirmo aqui que o próprio Deus, que confere o ser a ela, por caridade de sua perfeição infunde nela sua bondade para além dos limites do estabelecido para nossa natureza.

Depois quando digo *Sua alma pura*, provo aquilo que é dito por experiência. Deve-se saber, como diz o filósofo no segundo livro da *Alma*, que a alma é ato do corpo; se ela é seu ato, é sua causa. Uma vez que, como está escrito no citado livro *Das Causas*, toda causa infunde em seu efeito bondade que recebe de sua causa, infunde e confere a seu corpo bondade de sua causa, que é Deus. Por isso, uma vez que nela são vistas, do ponto de vista físico, coisas maravilhosas, tanto que levam todo espectador a ficar ansioso por vê-las, é evidente que sua forma, isto é, sua alma, que o conduz como causa própria, receba milagrosamente a graciosa bondade de Deus. Assim se prova, por essa aparência corpórea, que está além do estabelecido para nossa natureza (a qual nela é perfeitíssima, como foi dito antes) ter sido essa mulher beneficiada por Deus e feita coisa nobre. Este é todo o sentido literal da primeira parte da segunda parte principal.

## Capítulo VII

Tendo elogiado essa mulher de maneira usual, tanto por sua alma quanto por seu corpo, prossigo a apreciá-la especialmente em sua alma. Passo a apreciá-la primeiramente de acordo com seu bem, que é grande em si, depois de acordo com seu bem que é grande nos outros e útil para o mundo. Esta segunda parte começa quando digo: *Dela pode-se dizer*.

Em primeiro lugar, afirmo, portanto: *Nela baixa a virtude divina*. Deve-se saber que a bondade divina baixa em todas as coisas, mesmo porque, diversamente, não poderiam existir. Embora essa bondade se origine de princípio simplicíssimo, diversamente é recebida, segundo mais ou menos as coisas que a recebem. Por isso está escrito no livro *Das Causas*: "A primeira bondade envia suas bondades sobre as coisas, emanando-as de modo contínuo". Na verdade, cada coisa recebe daquela emanação contínua proporcionalmente à entidade de seu valor e à natureza de seu ser. Podemos ter exemplo concreto disso no Sol. Vemos a luz do Sol, que é única, derivada de uma fonte, sendo recebida diversamente pelos corpos. Como diz Alberto, no livro que fala do Intelecto, que certos corpos, "como têm, misturada a outros componentes, grande transparência, logo que o Sol os atinge tornam-se tão luminosos que, pelo aumento de luz no Sol com relação a eles, transmitem aos outros grande esplendor", como o ouro e algumas pedras preciosas. "Existem alguns que, por serem totalmente transparentes, não somente recebem a luz, mas não a impedem, antes a transmitem com a coloração que lhe imprimem com a sua cor para as outras coisas. Existem ainda alguns tão claros na pureza de sua transparência que se tornam tão radiantes que atrapalham a harmonia do olhar e não podem ser vistos sem esforço estampado no rosto", como são os espelhos. Há outros que têm tão pouca transparência que recebem pouca luz, como ocorre com a terra. Desse modo, a bondade de Deus é recebida de maneira diversa pelas substâncias distintas, ou seja, pelos anjos, que não carregam o peso da matéria, quase transparentes pela pureza de sua forma, de modo diverso da alma humana que, embora por um lado esteja livre de matéria, por outro é por ela impedida, como o homem que está totalmente imerso na água menos a cabeça, do qual não se pode dizer que esteja totalmente imerso na água, nem totalmente fora dela; e de modo diverso ainda pelos animais, cuja alma está totalmente compreendida na matéria, mas é um tanto nobilitada; e de maneira diversa ainda pelas plantas, como também diversamente pelos minerais; diversamente, enfim, pela terra que por seus elementos é inteiramente matéria, sendo por isso impossível de ser comparada, sequer de longe, com a primeira simplicíssima e nobilíssima força, unicamente intelectual, isto é, Deus.

Embora sejam postas aqui gradações gerais, podem ser postas igualmente gradações específicas, ou seja, que nas almas humanas, uma recebe aquela em vez de outra. Como na ordem intelectual do universo se sobe e se desce por graus quase contínuos da ínfima forma até a mais elevada e da mais elevada até a ínfima, da mesma forma que ocorre na ordem dos sentidos; e como entre a natureza angélica, que é coisa intelectual, e a alma humana não existem graus intermediários, mas um que seja quase contínuo ao outro na ordem dos graus, e entre a alma humana e a alma mais perfeita dos animais irracionais também não existe meio algum; e vemos muitos homens tão vis e de condição tão baixa que não parecem ser quase outra coisa senão animal; assim deve-se dispor e crer firmemente que existe alguém tão nobre e de tão elevada condição que não seja quase outra coisa senão anjo. Caso contrário, a espécie humana não haveria de continuar em parte alguma, o que não pode ser. A esses é que Aristóteles, no sétimo livro da *Ética*, chama de divinos. E assim eu afirmo que é essa mulher, uma vez que a virtude divina desce sobre ela da mesma maneira que desce sobre os anjos.

Depois, quando digo, *E qualquer mulher gentil não acredita nisso*, provo isso pela experiência que se pode ter dela naquelas ações que são próprias da alma racional, na qual a luz divina brilha de modo mais intenso, ou seja, no falar e nos atos que costumam ser chamados procedimento e comportamento. Por isso cumpre saber que entre os animais somente o homem fala e tem procedimentos e atos que são chamados racionais, uma vez que somente ele tem em si razão. Se alguém quisesse contradizer isso, afirmando que algumas aves falam, como ocorre com alguns, sobretudo a pega e o papagaio, e que algum animal realiza atos ou procedimentos, como ocorre com o macaco e alguns outros, respondo que não é verdade que falem nem que tenham procedimentos, uma vez que não possuem razão, da qual essas coisas devem proceder; nem subsiste neles o princípio dessas operações, nem conhecem o que seja isso, nem pretendem com isso significar alguma coisa, mas somente representar aquilo que veem e ouvem, como é representada a imagem dos corpos em qualquer corpo luzidio, como no espelho. Por isso, como a imagem corporal que o espelho mostra não é verdadeira, assim também a imagem da razão, isto é, os atos e a fala que a alma irracional representa ou mostra não é verdadeira.

Digo que "qualquer mulher gentil não acredita naquilo que digo, que vá com ela e observe seus atos" – não digo "qualquer homem", uma vez que de modo mais oportuno [de mulher] pelas mulheres se adquire experiência do que pelo homem – e digo aquilo que ela haverá de observar nela, expondo aquilo que seu falar acarreta, bem como sua conduta, porque sua fala, por sua elevação e suavidade, gera na mente de quem a escuta um pensamento de amor, que denomino espírito celestial, uma vez que lá em cima está o princípio e de lá de cima provém seu significado, como já foi explicado antes. Desse pensamento se deduz com opinião segura que esta seja milagrosa mulher de virtude. Seus atos, por sua suavidade e por sua medida, fazem despertar amor e refletir em qualquer lugar em que haja boa disposição para acolher a semente de seu poder. Como se apresenta essa semente natural será explicado no tratado seguinte.

A seguir, quando digo *Dela se pode dizer*, pretendo mostrar como a bondade e a virtude de sua alma é boa e útil aos outros. Primeiro, como é útil às outras mulheres, dizendo: *Gentil é na mulher aquilo que nela se encontra*. Aí apresento para as mulheres evidente modelo, no qual podem mirar-se e, seguindo-o, tornar-se também gentis. Em segundo lugar, relato como ela é útil a todas as pessoas, dizendo que seu aspecto ajuda nossa fé, a qual, mais que todas as outras coisas, é útil a todo o gênero humano, aquela pela qual enfrentamos a morte eterna e conquistamos a vida eterna. Ela ajuda nossa fé. Entretanto, uma vez que o fundamento essencial de nosso fé são os milagres feitos por aquele que foi crucificado – o qual criou nossa razão e quis que fosse menor de seu poder – e depois foram feitos também, em seu nome, por seus santos; mas muitos são tão obstinados que têm como duvidosos esses milagres por alguma sombra e não acreditam em milagre algum sem ter experiência deles de modo visível; e uma vez que essa mulher é uma coisa visivelmente miraculosa, da qual os olhos dos homens podem ter experiência todos os dias e a nós torne possíveis os outros; é evidente que essa mulher, com seu admirável aspecto, ajuda nossa fé. Por isso é que no final digo *desde a eternidade*, isto é, eternamente, *foi concebida* na mente de Deus em testemunho da fé para aqueles que vivem nestes tempos. Assim termina a segunda parte [da segunda parte], de acordo com o sentido literal.

## Capítulo VIII

Entre os efeitos da divina sabedoria o homem é o mais admirável, considerando como numa única forma a virtude divina uniu três naturezas e como deve ser sutilmente harmonioso seu corpo, estando organizado para essa forma por quase todas as suas virtudes. Porque, pela grande concórdia exigida entre tantos órgãos para se harmonizarem muito bem, poucos são os homens perfeitos entre tantos. Assim, esta criatura é admirável e certamente não só pelas palavras se deve recear ao tratar de sua condição, mas também com o pensamento, de acordo com essas palavras do *Eclesiástico*: "A sabedoria de Deus, que precede todas as coisas, a quem procurava?" E essas outras: "Coisas superiores a ti não pedirás e coisas mais fortes que tu não procurarás, mas pensa naquelas coisas que Deus te ordenou e, além disso, com relação a suas obras não sejas curioso", ou seja, apreensivo.

Eu, portanto, que nesta terceira pequena parte pretendo falar de algumas condições dessa criatura, porquanto em seu corpo, por bondade da alma, aparece palpável beleza, começo temerosamente e inseguro, pretendendo, senão totalmente, ao menos alguma coisa desse imenso nó desenosar. Decido, portanto, uma vez que está esclarecido o sentido daquela pequena parte em que essa mulher é recomendada por parte da alma, prosseguir e ver como, quando digo *Coisas aparecem em seu aspecto*, eu a recomendo em relação ao corpo. Afirmo que em seu aspecto aparecem coisas que desvendam prazeres do paraíso. Entre todos os demais, o mais nobre e aquele que é início e fim de todos os outros é estar feliz sem nada pedir, e isso sim é ser bem-aventurado. Este prazer se encontra realmente, embora de modo diverso, no aspecto dela, porque, ao olhá-la, as pessoas se sentem felizes, tão docemente sua beleza alimenta os olhos daqueles que a olham; mas também por outro modo, porque a felicidade no paraíso é perpétua, coisa que não pode ser verificada em nenhum ser que vive nesta terra.

Entretanto, como alguém poderia perguntar onde aparece nela esse admirável prazer, distingo em sua pessoa duas partes, nas quais o agrado e o desagrado humanos mais aparecem. Por isso deve-se saber que a alma utiliza sua arte mais que em qualquer outra parte naquela em que mais se dispõe em adornar e nessa se empenha mais intensamente. Por isso vemos que no rosto do homem, onde mais empenha sua arte que em qualquer outra parte externa, tanto faz cuidadosamente que, para adelgaçar-se nesta parte quanto sua matéria pode tolerar, nenhum rosto é semelhante a outro, porque o último poder da matéria, que em quase todos é dessemelhante, aqui se reduz em ato. Por isso é que a alma opera no rosto sobretudo em dois lugares – uma vez que nesses dois lugares quase todas as três naturezas da alma têm jurisdição –, isto é, nos olhos e na boca. Aqueles adorna de modo especial e aqui empenha toda sua arte para atingir o belo, se puder. Nesses dois lugares afirmo que aparecem esses prazeres, ao dizer *em seus olhos e em seu doce sorriso*. Esses dois lugares, por bela semelhança, podem ser designados varandas da mulher que habita no edifício do corpo, isto é, a alma, uma vez que aqui, embora quase velada, muitas vezes se mostra.

Mostra-se nos olhos de modo tão evidente que, aquele que olhar bem, pode descobrir sua paixão do momento. Por isso, mesmo que sejam seis as paixões próprias da alma humana, mencionadas também pelo filósofo em seu livro de Retórica, ou seja, graça, zelo, misericórdia, inveja, amor e vergonha, de nenhuma delas a alma pode estar dominada que não transpareça na janela dos olhos, a menos que por grande virtude consiga ocultá-la em si. Por isso já houve quem se vazasse os olhos, para que a vergonha interior não transparecesse, por exemplo, como diz Statius[22] do tebano Édipo, ao referir que "com eterna noite resolveu seu condenável pudor". Mostra-se na boca, quase como cor no vidro. E que é rir, senão um relâmpago da alegria da alma, ou seja, uma luz que aparece externamente, refletindo o que vai por dentro? Entretanto, convém que o homem mostre sua alma na alegria moderada, convém rir moderadamente, com honesta seriedade e com reduzido movimento de seu rosto. Se for mulher, que se mostre como foi dito, parecendo modesta e não dissoluta. O livro das *Quatro virtudes cardeais* nos ensina a fazer isso: "Que teu riso seja sem gargalhadas", isto é, sem cacarejar como uma galinha. Ó admirável riso de minha mulher, da qual falo, que não se manifestava senão no olhar!

Afirmo que o Amor traz essas coisas aqui, como em seu lugar próprio. Em decorrência, pode-se considerar o amor de dois modos. Primeiro, o amor da alma, específico a esses lugares; segundo, o amor universal que dispõe as coisas a amar e a ser amadas e que a alma ordena para adornar esses lugares. Quando digo *Elas superam nosso intelecto*, desculpo-me a respeito, porquanto parece pouco provável que eu trate de tal excelência de beleza, superando-a, e digo que pouco falo dela por duas razões. A primeira é que essas coisas que aparecem em seu aspecto superam nosso intelecto, isto é, o humano, e explico como esse superar ocorre, ou seja, do mesmo modo que o sol supera o frágil semblante, e até mesmo o sadio e forte. A segunda é que não se pode fitá-las por longo tempo, porque então a alma se embriaga de modo que, de imediato, depois de deixar de olhar, perturba-se em toda sua ação.

Depois, quando digo *Sua beleza chove faíscas de fogo*, recorro para tratar de seu efeito, porquanto não se pode tratar dela inteiramente. Por isso deve-se saber que, de todas aquelas coisas que superam nosso intelecto, de modo que não pode ver aquilo que são, é de todo conveniente tratar por meio de seus efeitos e, portanto, de Deus, das substâncias distintas, da primeira matéria. Tratando desse modo, poderemos chegar a um conhecimento aproximado.

Entretanto, digo que a beleza dela *chove faíscas de fogo*, ou seja, ardor de amor e de caridade; *animadas de um espírito gentil*, isto é, ardor específico de um espírito gentil, ou seja, apetite direto, pelo

---

(22) Passagem constante da obra Thebais, de Publius Papinius Statius (45-96 d.C.).

qual e do qual tem origem o bom pensamento. Não faz somente isso, mas desfaz e destrói seu oposto – dos bons pensamentos -, ou seja, os vícios inatos, os quais são inimigos sobretudo dos bons pensamentos.

Aqui convém saber que certos vícios subsistem no homem porque a eles está naturalmente disposto – como alguns por um impulso colérico estão dispostos à ira – e esses vícios são inatos, ou seja, congênitos. Outros vícios são consuetudinários, dos quais não tem culpa o impulso mas o costume, como a intemperança, sobretudo do vinho. Para fugir e vencer esses vícios contrapõe-se os bons costumes e, por meio desses, o homem se torna virtuoso, sem sentir dificuldade em sua moderação, como diz o filósofo no segundo livro da Ética.

Na verdade, essa diferença subsiste entre as paixões congênitas e as consuetudinárias, uma vez que as consuetudinárias são totalmente eliminadas pelos bons costumes. Seu princípio, no entanto, ou seja, o mau costume, pelo contrário, perde força. As congênitas, porém, cujo princípio é a natureza daquele que é dominado pela paixão, muito embora se tornem leves pelos bons costumes, não são eliminadas totalmente quanto à predisposição. Desaparecem totalmente, porém, quanto à prática real, uma vez que o costume não tem tanta força quanto a natureza, na qual reside o princípio delas. Entretanto, é mais louvável o homem de natureza pior que se mantém e se governa contra o ímpeto da natureza, do que aquele de natureza melhor que se mantém em boa conduta ou, quando se desvia, retorna a ela, do mesmo modo que é merecedor de mais elogios aquele que cavalga um mau cavalo do que aquele que cavalga um dócil. Digo, portanto, que essas faíscas que chovem de sua beleza, como foi dito, eliminam os vícios inatos, isto é, congênitos, para dar a entender que sua beleza tem poder de renovar a natureza daqueles que olham para ela, o que é coisa milagrosa. Isto confirma aquilo que expus no capítulo anterior, quando afirmo que ela é auxiliadora de nossa fé.

Por fim, quando digo, *Por isso qualquer mulher vê sua beleza*, concluo, como forma de admoestar a outrem, mostrando o fim para o qual foi feita tamanha beleza e digo que qualquer mulher que ouve lastimar por menos sua beleza, que olhe para esse perfeitíssimo exemplo. Com isso deve-se entender que não foi feita somente para melhorar o bem, mas também para transformar em coisa boa a má. Acrescentei no final: *Ela pensou em quem criou o universo*, isto é, Deus, para dar a entender que por proposição divina a natureza produziu esse efeito. Assim termina toda a segunda parte principal desta canção.

## Capítulo IX

A ordem do presente tratado requer – porque as duas partes desta canção para mim estão explicadas, como foi minha intenção fazê-lo – que se prossiga com a terceira, na qual pretendo eximir a canção de uma recriminação que poderia ser considerada contrária a ela e a isso que falo. Isso porque eu, antes de elaborar sua composição, parecendo-me essa mulher comportar-se em relação a mim de um modo um tanto superior e orgulhoso, compus uma pequena balada, na qual chamei essa mulher de orgulhosa e desapiedade, o que parece ser contrário ao que foi explicado há pouco.

Entretanto, dirijo-me à canção e, sob forma de ensinar-lhe como se deve justificar, justifico aquela. Esta é uma figura que, quando se fala às coisas inanimadas, é chamada pelos oradores de prosopopeia. Com muita frequência é usada pelos poetas. Esta terceira parte começa desse modo: *Canção, parece que tu falas o contrário*. Para dar a entender mais facilmente o conteúdo dela, convém dividi-la em três pequenas partes: a primeira propõe que a desculpa é necessária; a segunda apresenta a desculpa, quando diz: *Tu sabes que o céu*; por fim, falo à canção como a pessoa conhecedora daquilo que deve fazer, quando digo: *Quando for preciso, desculpa-te desse modo*.

Inicio, portanto, dizendo: "Ó canção, que falas dessa mulher com tantos elogios, parece que és contra uma irmã tua". Digo "irmã" por semelhança, porque, como irmã é designada aquela mulher que é gerada por um mesmo genitor, assim o homem pode designar "irmã" a obra realizada por um mesmo autor. Isso porque, de algum modo, nossa obra é geração. Digo que parece que fale contra aquela, ao dizer: Tu tornas essa humilde e aquela se comporta como uma soberba, isto é, *altiva e desdenhosa*, o que é a mesma coisa. Uma vez proposta esta acusação, argumento a justificativa com um exemplo, no qual, algumas vezes, a verdade se afasta da aparência e, outras vezes, tornam-se possíveis mais interpretações. Digo: *Tu sabes que o céu é sempre luzidio e claro*, isto é, sempre com claridade, mas por alguma razão, vez por outra, é lícito dizer que é tenebroso. Aqui deve-se saber que, propriamente, a cor e a luz são visíveis, como escreve Aristóteles no segundo livro da *Alma* e no livro do *De sensu et sensato*. Outra coisa também é visível, mas não em sentido próprio, uma vez que também outro sentido a sente, como a figura, o tamanho, o número, o movimento, o estar parado e são chamados sensitivos comuns; essas coisas são captadas por mais de um sentido.

 A cor e a luz, porém, são visíveis em sentido próprio, porque as captamos somente com a vista e não com outro sentido. Essas coisas visíveis, tanto as próprias como as comuns enquanto são visíveis, entram nos olhos – não digo as coisas, mas suas formas – por meio da transparência, não realmente mas em sua imagem, quase como em vidro transparente. Na água que existe na pupila do olho, esse discurso, que torna a forma visível pela metade, se comprova porque aquela água tem um apoio – quase como o espelho que é vidro apoiado no chumbo – de modo que não pode passar mais, mas aqui, como se fosse uma bola, ao ser batida se fixa; dessa maneira, a forma que no meio transparente não parece, na água parece luzidia e sustentada. Isso explica porque no vidro com camada de chumbo a imagem aparece e não em outra coisa. Dessa pupila, o espírito visual, que é continuado por essa, na parte da frente do cérebro, onde está a força sensível como no princípio de uma fonte, a reapresenta de imediato e subitamente, e assim conseguimos ver. Para que a visão seja verdadeira, ou seja, idêntica à coisa visível em si, é necessário que o meio pelo qual a forma chega ao olho esteja sem qualquer cor e de modo semelhante a pupila, caso contrário a forma visível seria tingida com a cor do meio e com aquela da pupila. Entretanto, aqueles que quiserem fazer aparecer as coisas no espelho com alguma cor, devem interpor essa cor entre o vidro e o chumbo, de modo que o vidro fica impregnado com ela. Na verdade, Platão e outros filósofos afirmaram que nosso ver não existia porque o visível chegasse ao olho, mas porque a força visiva se dirigia para fora em direção ao visível. Esta opinião é descartada como falsa pelo filósofo no livro *De Sensu et Sensato*.

 Descrito o mecanismo da vista, facilmente pode-se verificar que, embora a estrela seja sempre de um teor claro e luzidio e não sofra mutação alguma senão de movimento próprio, como é provado no livro *De Celo et Mundo*, pode parecer não clara e não resplendente por vários motivos. Por isso pode parecer assim por causa do meio que muda continuamente. Esse meio muda de muita luz para pouca luz, como na presença do sol e na sua ausência. Em sua presença, o meio, que é diáfano, fica tão cheio de luz que resplandece mais que a estrela e por isso essa não parece mias resplandecente. Esse meio muda também de sutil em espesso, de seco em úmido, por causa dos vapores da terra que sobem continuamente. Esse meio, assim modificado, muda a imagem da estrela que chega através dele, pela espessura em obscuridade e, pelo úmido e pelo seco, em cor.

Pode parecer assim também para o órgão visual, ou seja, o olho, que por enfermidade e por fadiga modifica para alguma coloração ou para alguma debilidade. Isso ocorre muitas vezes porque a membrana da pupila está injetada de muito sangue, por algum defeito derivado de enfermidade, e as coisas parecem quase todas rubicundas e por isso a estrela parece colorida. Estando a vista debilitada, ocorre nela alguma desfocalização, de modo que as coisas não parecem unidas mas desfocadas, quase da mesma forma que ocorre com nossa letra sobre o papel úmido. Isso ocorre com muitos que, quando querem ler, afastam os escritos dos olhos, para que a imagem entre nos olhos mas facilmente e mais sutil. Com isso a letra se torna mais nítida para a vista. Entretanto, a estrela também pode parecer desfocada. Tive experiência disso no mesmo ano em que compus esta canção. De fato, por ter fatigado demasiadamente a vista, de tanto ler, enfraqueci de tal modo os espíritos visivos que todas as estrelas me pareciam sombreados de algum alvor. Por meio de longo repouso em locais obscuros e frios e aplicando água límpido no corpo dos olhos, recuperei a qualidade que estava desfocada e retornei ao bom estado original da vista. Desse modo, são muitas as causas, pelas razões descritas, de que a estrela possa parecer de forma diversa do que ela é.

## Capítulo X

Afastando-me desta digressão, que foi necessária para chegar à verdade, volto ao tema e afirmo que, como nossos olhos "chamam", isto é, julgam, a estrela por vezes de modo diverso daquilo que é sua real condição, assim aquela pequena balada considerou essa mulher segundo a aparência, em desacordo coma a verdade pela enfermidade da alma, que estava dominada por desejo exagerado. Deixo claro isso quando digo: *Porque a alma temia*, de modo que me parecia altivo o que via em sua presença.

Disso deve-se deduzir que, quanto mais o agente se une ao paciente, tanto mais forte se torna por isso a paixão, como se pode depreender daquilo que afirma o filósofo no livro *De Generatione*. Desse modo, quanto mais a coisa desejada se aproxima daquele que a deseja, tanto maior é o desejo, e a alma, mais dominada pela paixão, mais se une à parte concupiscível e mais se afasta da razão, de forma que então não julga a pessoa como homem, mas quase como outro animal, somente segundo a aparência, não discernindo a verdade. Esse é o motivo pelo qual o semblante, honesto segundo a verdade, nos parece desdenhoso e altivo. Aquela pequena balada falou de acordo com esse julgamento devido aos sentidos. Nisso se entende claramente porque esta canção considera essa mulher segundo a verdade, uma vez que discorda daquela. Não é sem motivo que digo: *que ela me parece* e não, *onde me parece*. Nisso, porém, quero dar a entender a grande força que seus olhos tinham sobre mim, porque, como se me tivesse tornado transparente, o raio deles me atravessava por todos os lados. Aqui poderiam ser invocadas razões naturais e sobrenaturais, mas por enquanto é suficiente o que foi dito; em outro local explicarei isso de modo mais condizente.

Depois, quando digo: *Desculpa-te desse modo quando for preciso*, imponho à canção, pelas razões assinaladas, que "se desculpe quando for necessário", isto é, sempre que alguém duvidasse por causa dessa contradição. Não se trata de dizer outras coisas, senão que alguém, duvidando que esta canção esteja em desacordo com aquela balada, que considere esse motivo apresentado. Na retórica, essa figura é muito elogiada e também é necessária, quando as palavras são dirigidas a uma pessoa e a intenção, a outra, porquanto prevenir é sempre louvável e necessário, mas nem sempre se configura de modo conveniente na boca de qualquer um. Por isso, quando o filho toma conhecimento do vício do pai e quando o súdito chega a conhecimento do vício do senhor, e ainda, quando o amigo sabe a vergonha que tomaria conta do amigo ou que diminuiria sua honra ao admoestá-lo, ou sabe que seu amigo não tem paciência mas reage com furor à admoestação, esta figura é belíssima e muito útil e pode ser chamada "dissimulação". É semelhante à ação daquele sábio guerreiro que combate o castelo de um lado para tirar a defesa do outro, porque não devem ser colocadas de um só lado a intenção do auxílio e a batalha.

Além disso, imponho a ela que peça a palavra para falar dela a essa mulher. Com isso pode-se entender que o homem não deve apressar-se em elogiar os outros, sem prestar bem atenção se a pessoa elogiada lhe é simpática, porque muitas vezes, acreditando tecer elogios a alguém, acaba-se por recriminá-lo, seja por falha do orador, seja por falha de quem o ouve. Por isso convém ter muita discrição. Essa discrição é quase como pedir licença, observando-se o que exijo que esta canção peça. Assim termina todo o sentido literal deste tratado porque a ordem da obra já exige prosseguir, seguindo a verdade, com a exposição alegórica.

## Capítulo XI

Como a ordem exige ainda voltar ao início, afirmo que esta mulher é aquela senhora do intelecto, chamada Filosofia. Como, porém, os elogios naturalmente despertam o desejo de conhecer a pessoa elogiada; e conhecer a coisa seja saber o que ela é, considerada em si e em todas as suas causas, como diz o filósofo no início do livro da Física; e como o nome, por si só, não o esclarece de modo suficiente, embora o que significa, como escreve no quarto livro da Metafísica (onde diz que a definição é aquela razão que o nome significa), seja necessário dizer aqui, antes de prosseguir além para mostrar seus elogios, que é isto que se chama Filosofia, ou seja, aquilo que esse nome significa. Demonstrada essa, com mais eficácia se haverá de tratar a presente alegoria. Antes falarei de quem por primeiro conferiu este nome; depois prosseguirei com sua significação.

Devo dizer, portanto, que antigamente na Itália, quase no início da construção de Roma, que ocorreu setecentos e cinquenta anos, pouco mais ou menos, antes que viesse o Salvador, segundo escreve Paulo Orósio, quase na época de Numa Pompílio, segundo rei dos romanos, vivia um nobilíssimo filósofo, chamado Pitágoras. Que ele vivesse nessa época, parece que diga alguma coisa incidentalmente Tito Lívio na primeira parte de seu livro. Antes de Pitágoras, os seguidores da ciência não eram chamados filósofos mas sábios, como aqueles sete sábios antiquíssimos que todos ainda citam por sua fama: o primeiro deles se chamava Sólon, o segundo Quílon, o terceiro Periandro, o quarto Cleóbulo, o quinto Líndio, o sexto Biante, e o sétimo Prieneu.

Este Pitágoras, perguntado se ele se reputava sábio, negou atribuir-se esse vocábulo e respondeu que não era sábio, mas amante de sabedoria. Aconteceu depois, portanto, que todo estudioso de sabedoria fosse chamado "amante de sabedoria", isto é, "filósofo", porque o termo grego "philos" equivale ao latino "amor" e, portanto, dizemos "philos" como amor e "sophos" como sábio. Com isso se pode constatar que estes dois vocábulos formam o designativo "filósofo", que é a mesma coisa que dizer "amante de sabedoria"; pode-se notar que não é vocábulo de arrogância, mas de humildade. Deste surge o vocábulo de seu ato próprio, Filosofia, come de amigo surge o vocábulo de seu próprio ato, ou seja, amizade. Disso decorre, considerando o significado do primeiro e do segundo vocábulo, que Filosofia não é outra coisa senão amizade para com a sabedoria ou para com o saber; por isso alguém, em certa medida, pode ser definido filósofo de acordo com o natural amor que nele gera o desejo de saber.

Como, porém, as paixões essenciais são comuns a todos, essas não são descritas com vocábulos distintos para diferenciar o maior ou menor envolvimento em sua essência. Em outros termos, não dizemos Gianni amigo de Martino, pretendendo significar somente a natural amizade pela qual todos somos amigos de todos, mas a amizade acima da natural que surge e que é própria e distinta em pessoas particulares.

De igual modo, não é dito filósofo alguém que possui o amor comum do saber. Na opinião de Aristóteles, expressa no oitavo livro da Ética, é dito amigo aquele cuja amizade não é velada para a pessoa amada e a quem a pessoa amada também corresponde em amizade, de modo que a benevolência subsiste de ambas as partes. E isso costuma ocorrer por utilidade ou por afeto ou por honestidade. Assim também, para que seja filósofo, é necessário que haja amor à sabedoria que torna uma das partes benevolente; é necessário que haja o estudo e a solicitude que tornam também a outra parte benevolente, de modo que surge entre elas familiaridade e manifestação de benevolência. Por essa razão, sem amor e sem estudo não pode alguém ser dito filósofo, mas é necessário que ambos existam.

Assim como a amizade por afeto ou por utilidade não é amizade verdadeira, mas ocasional, como está escrito no livro da Ética, assim também por afeição ou por utilidade não é verdadeira filosofia, mas ocasional. Por isso não deve ser classificado como verdadeiro filósofo alguém que, por alguma afeição, seja amigo de alguma parte da sabedoria, como os numerosos que se deleitam em ouvir canções e estudá-las, que se deleitam em estudar retórica ou música, mas se afastam e abandonam as outras ciências que são todas membros da sabedoria. Nem deve ser chamado verdadeiro filósofo aquele que é amigo da sabedoria por utilidade, como os legistas, os médicos e quase todos os religiosos que não estudam para saber, mas para adquirir riqueza ou dignidade. Aqueles que lhes dessem aquilo que pretendem adquirir, cessariam de aplicar-se ao estudo. Assim como entre as espécies de amizade aquela que se configura por utilidade pode ser como menos amizade, assim também esses participam menos do designativo de filósofo do que qualquer outra pessoa. Por essa razão, como a amizade feita por honestidade é verdadeira, perfeita e perpétua, assim também a filosofia é verdadeira e perfeita quando é gerada somente por honestidade ou nobreza de ânimo, sem outra motivação, e por bondade da alma amiga, que tende ao desejo correto e à reta razão.

Aqui já se pode dizer que, como a verdadeira amizade dos homens entre si é que cada um ame inteiramente o outro, o verdadeiro filósofo ama cada parte de sua sabedoria e a sabedoria ama cada parte do filósofo, porquanto o envolve totalmente e não deixa expandir nenhum outro pensamento seu a outras coisas. Por isso a própria sabedoria diz nos *Provérbios* de Salomão: "Eu amo aqueles que me amam." Como a verdadeira amizade, abstraída da alma e considerada só em si mesma, tem por objeto o conhecimento do operar correto e, por forma, o desejo deste, assim a filosofia, fora da alma, considerada em si mesma, tem por objeto a compreensão e, por forma, um amor quase divino pelo intelecto. Como a virtude é causa eficiente da verdadeira amizade, assim a verdade é causa eficiente da filosofia. Assim como o fim da amizade verdadeira é o amor sincero que procede da convivência segundo o modo próprio da humanidade, isto é, segundo a razão, como escreve Aristóteles no nono livro da Ética, de igual modo a Filosofia é aquele excelso amor que não sofre interrupção alguma ou falha, ou seja, verdadeira felicidade que se adquire pela contemplação da verdade. Desse modo, já se pode ver quem é essa minha mulher, por todas as suas causas e por sua razão, e porque se chama Filosofia, bem como quem é verdadeiro filósofo e quem o é ocasionalmente.

Como, porém, por alguma exaltação do ânimo, por vezes um e outro termo dos atos e das paixões são designados tanto pelo vocábulo do próprio ato como por aquele da paixão (como faz Virgílio no segundo livro da *Eneida*, ao chamar Eneias "Ó luz", que era ato, e "esperança dos troianos", que é paixão, porque ele não era luz nem esperança, mas fonte de onde provinha a luz do conselho, e era meta em que repousava toda a esperança da salvação deles; como diz Statius no quinto livro da *Tebaida*, quando Isífiles fala a Arquimoro: "Ó consolo das coisas e da pátria perdida, ó honra de meu serviço"; como dizemos todos os dias mostrando o amigo, "vê minha amizade", e o pai diz ao filho "meu amor"), por duradouro costume as ciências, nas quais a Filosofia mais explicitamente tem influência, são chamadas pelo nome dela, como a ciência natural, a moral e a metafísica; esta última, uma vez que com mais necessidade e com mais insistência dirige seu olhar para aquela, é chamada também Primeira Filosofia. Pode-se, portanto, constatar como, de modo secundário, as ciências são chamadas Filosofia.

Visto como a primitiva e verdadeira filosofia está em seu ser – que é aquela mulher de que falo – e como seu nobre nome por costume conferido às ciências, prosseguirei com seus elogios.

## Capítulo XII

No primeiro capítulo deste tratado foi explicado de modo completo o motivo que me induziu a compor esta canção e não há mais necessidade de tornar a explicar, uma vez que pode ser reduzida com bastante facilidade a essa explicação. Entretanto, segundo as divisões feitas, descartarei o sentido literal, referindo-me a ele somente quando necessário.

Digo: *Amor que em meu intelecto pensa*. Por Amor entendo o estudo com que me dedicava para conquistar o amor dessa mulher. Convém saber que estudo pode ser considerado aqui de dupla maneira. Há um estudo que leva o homem a adquirir o hábito da arte e da ciência; o outro estudo, uma vez adquirido o hábito dele, nos familiariza com o próprio estudo. O primeiro é aquele que designo aqui Amor, o qual transmitia em minha contínuas, novas e elevadas considerações sobre essa mulher, como foi mostrado anteriormente, como costume fazer o estudo que é empenhado para conquistar uma amizade, considerando primeiramente grandes coisas dessa amizade e desejando-a. Este é aquele estudo e aquela afeição que costuma provocar nos homens o surgimento da amizade, quando de uma parte já surgiu o amor e se deseja e se procura que ocorra o mesmo da outra parte. Por isso é que, como foi dito há pouco, existe Filosofia quando a alma e a sabedoria se tornaram amigas, de modo que uma seja inteiramente amada pela outra. Não é mais necessário esclarecer pela presente exposição esta primeira estrofe, que foi explicada como proêmio na exposição literal; por sua primeira razão, porém, com bastante facilidade pode conferir compreensão a esta segunda.

Por isso deve-se prosseguir da segunda estrofe, que inicia realmente o tratado, no ponto em que digo: *Não vê o Sol que o mundo todo gira*. Aqui convém saber como, falando do concreto para significar o abstrato, se trata de modo conveniente, assim como convém tratar o inteligível para significar o ininteligível. Entretanto, como no sentido literal se falava começando pelo sol corporal e concreto, assim agora convém falar do sol espiritual e inteligível, que é Deus.

Nenhuma realidade em todo o mundo é mais digna que o Sol para ser apresentado como modelo de Deus. O Sol ilumina de luz real primeiramente a si mesmo e depois a todos os corpos celestes e a todos os elementos. De igual modo, Deus ilumina primeiramente a si mesmo com luz intelectual e depois as criaturas celestiais e as outras inteligíveis. O Sol vivifica todas as coisas com seu calor e se corrompe alguma, não é por causa intencional, mas é efeito acidental. Assim Deus vivifica todas as coisas em bondade e, se alguma é má, isso não provém da intenção divina, mas é necessário também que ocorra algum acidente no processo do mencionado efeito. Se Deus criou os anjos bons e os maus, não criou a ambos por intenção, mas somente os bons. Fora da intenção manifestou-se, portanto, a maldade dos anjos rebeldes, mas não tanto fora da intenção que Deus não soubesse antes prever sua maldade; tamanha foi no entanto a afeição para criar a criatura espiritual, que a presciência de que alguns haveriam de chegar a um mau fim, não devia nem podia dissuadir a Deus dessa criação. Isso porque não se deveria elogiar a natureza se, sabendo antes que as flores de uma árvore haveriam de em parte perder-se, não produzisse naquelas flores e se abstivesse de produzir as flores destinadas a transformar-se em frutos.

Afirmo, portanto, que Deus, que tudo compreende (porque seu "girar" é seu "compreender"), não vê coisa tão gentil quanto vê quando olha para onde está esta Filosofia. Porque, embora Deus, ele próprio olhando, veja tudo em seu conjunto, porquanto a distinção das coisas nele subsiste enquanto o efeito está na causa, vê essas coisas distintas. Vê esta, portanto, absolutamente como a mais nobre de todas, porquanto a vê perfeitíssimamente em si e em sua essência. Porque, se aquilo que foi dito antes, se reduz à memória, filosofia é um amoroso uso da sabedoria, o qual está de modo supremo em Deus, porquanto nele está a supremo sabedoria, supremo amor e supremo ato e que não pode existir em outro, senão enquanto dele procede. Por isso a filosofia, ciência divina, pertence à essência divina, uma vez que nele não pode haver coisa acrescida à sua essência. Além disso, é nobilíssima, uma vez que a essência divina é nobilíssima e está nele de modo perfeito e verdadeiro, quase por eterno matrimônio. Nas outras inteligências está em modo menor, quase como concubina, com a qual nenhum amante tem alegria completa, mas que em sua presença satisfaz seus desejos. Por isso se pode dizer que Deus não vê, isto é, não compreende coisa alguma tão gentil quanto esta. Digo coisa alguma, porquanto vê e distingue as outras coisas, como foi dito, contemplando-se como sendo causa de tudo. Ó nobilíssimo e excelentíssimo coração que está incluído na esposa do imperador do céu, e não somente esposa, mas irmã e filha diletíssima.

## Capítulo XIII

Visto como, no início do elogio dela, sutilmente se diz que ela é da essência divina, enquanto é considerada em primeiro lugar, cumpre prosseguir e ver em segundo lugar como ela está nas inteligências criadas. Por isso digo: *Todo intelecto lá de cima a olha*. Convém explicar que digo "lá de cima", estabelecendo relação com Deus que é mencionado antes. Por isso excluo as inteligências que estão exiladas da pátria celeste, as quais não podem filosofar, uma vez que o amor está totalmente apagado nelas e, para filosofar, como já foi dito, é necessário amor. Por isso se observa que as inteligências infernais estão privadas da presença dessa belíssima. Uma vez que ela é felicidade do intelecto, sua privação é extremamente amarga e cheia de tristeza.

Depois, quando digo: *E essas pessoas que aqui se enamoram*, pretendo mostrar como na inteligência humana ela surge uma segunda vez. Essa filosofia humana, continuo depois recomendando-a no decorrer do tratado. Digo, portanto, que as pessoas que se enamoram "aqui", isto é, nesta vida, a sentem em seu pensamento, não sempre, mas quando o amor leva a sentir sua paz.

Cumpre salientar três coisas que são tocadas neste texto. A primeira é quando se diz: *as pessoas que aqui se enamoram*, porque parece que se faça uma distinção na espécie humana. Deve-se necessariamente fazê-la porque, segundo se observa de modo evidente, e no tratado seguinte será explicado, a maior parte dos homens vive mais segundo os sentidos do que segundo a razão. Para aqueles que vivem segundo os sentidos, é impossível enamorar-se dela porque não conseguem ter nenhum conhecimento a respeito dela.

A segunda transparece quando diz: *Quando o amor se faz sentir*, onde parece fazer-se distinção de tempo. Essa coisa também deve ser feita porque, embora as inteligências separadas olhem essa mulher continuamente, a inteligência humana não pode fazer isso, uma vez que a natureza humana – fora da especulação, da se satisfaz o intelecto e a razão – são necessárias muitas coisas para seu sustento, porque nossa sabedoria é por vezes somente latente e não atuada, o que não ocorre com as outras inteligências que são perfeitas exclusivamente de natureza intelectiva. Por isso, quando nossa alma não produz ato de especulação, não se pode dizer que esteja realmente em filosofia, senão enquanto tem aquela latente e o poder de despertá-la. Entretanto, por vezes é com essas pessoas que aqui se enamora, por vezes não.

A terceira é quando diz o momento em que essas pessoas estão com ela, isto é, quando o amor faz sentir sua paz, o que não quer dizer outra coisa senão o momento em que o homem está em especulação real, uma vez que somente no ato da especulação é que o estudo faz sentir a paz dessa mulher. Desse modo se observa que esta mulher é primeiramente de Deus e de modo secundário das outras inteligências distintas, por meio da contemplação assídua; e junto à inteligência humana, por meio de contemplação descontínua. Realmente, o homem que tem essa como mulher deve ser sempre chamado filósofo, não obstante que não esteja sempre dedicado ao último ato de filosofia ou à contemplação especulativa. Por isso dizemos que alguém é virtuoso, não somente porque pratica a virtude, mas porque tem o hábito da virtude, e dizemos que o homem é eloquente, mesmo que não fale, mas porque tem o hábito da eloquência, isto é, de falar bem. Dessa filosofia, enquanto partícipe da inteligência humana, os comentários seguintes já poderão mostrar quanto bem ela confere à natureza humana.

Logo a seguir digo: "Seu ser tanto àquele que o criou" (do qual, como da fonte primeira, deriva), "que infunde nela sempre sua força, além da capacidade de nossa natureza", tornando bela e virtuosa. Por isso, embora alguns consigam ter o hábito dela, não se chega a isso por algum hábito que realmente possa configurar-se como tal, uma vez que o primeiro estudo, isto é, aquele pelo qual o hábito é criado, não pode adquiri-la de modo perfeito. Aqui se vê se não é digna de ser elogiada por sua humildade, porque, perfeita e imperfeita, não perde o nome de perfeição. Por essa sua ilimitação se diz que a alma da filosofia *manifesta-o naquele em que ela aparece*, isto é, que Deus sempre transfere para ela algo de sua luz. Como antes foi dito que o amor é forma de filosofia, por isso aqui é dita sua alma. Esse amor evidente está no semblante da sabedoria, ao qual confere admiráveis belezas, isto é, contentamento em qualquer situação existencial e desprezo daquelas coisas a cujo domínio os outros se submetem. Por isso acontece que os outros infelizes que contemplam isso, repensando sua falha, depois do desejo da perfeição, caem em angústia cheia de suspiros; e isso é aquilo que diz: *Que os olhos daqueles em que ela é luz enviam ao coração mensagens cheias de desejos que crescem e se tornam suspiros.*

## Capítulo XIV

Assim como na exposição literal, após os elogios gerais se desce aos especiais, primeiro em relação à alma e depois em relação ao corpo, assim também agora o texto pretende, depois das recomendações gerais, descer a especiais. Como foi dito antes, a Filosofia tem aqui por objeto a sabedoria e, por forma, tem o amor e, como composto de uma e outro, o uso da especulação. Por isso no verso que começa da maneira seguinte: *Nela baixa a virtude divina*, pretendo recomendar o amor que é parte da filosofia. Cumpre aqui saber que descer a virtude de uma coisa em outra não é outra coisa senão reduzir aquela à sua semelhança. Como observamos de modo manifesto nos agentes naturais que, ao baixar sua virtude nas coisas receptivas, as tornam semelhantes a eles, tanto quanto seja possível para elas chegarem a isso. Por isso constatamos que o sol, ao baixar seu raio sobre a terra, reduz as coisas à sua semelhança em relação à luz, tanto quanto essas, por sua disposição, possam de sua força receber luz.

Assim afirmo que Deus reduz esse amor à sua semelhança, tanto quanto é possível que esse possa a ele assemelhar-se. A qualidade da redução é evidenciada ao dizer: *Como acontece com o anjo que o vê*. Também aqui convém saber que o primeiro agente, isto é, Deus, impele sua força em coisas por meio de raio direto e em coisas por meio de esplendor reverberado; por isso nas inteligências celestiais a luz divina resplende sem meio e nas outras se reflete dessas inteligências por primeiro iluminadas.

Como aqui são mencionados luz e esplendor, para perfeita compreensão mostrarei a diferença desses dois vocábulos, segundo a opinião de Avicena. Os filósofos costumam chamar "luz" a claridade, enquanto ela está em seu princípio como fonte; costumam designar "raio", enquanto ele está na função de meio, do princípio ao primeiro corpo ao qual se destina; costumam denominar "esplendor", enquanto ele é refletido sobre outro corpo iluminado. Afirmo, portanto, que a força divina atraiu esse amor à sua semelhança sem meio. Isso pode tornar-se evidente sobretudo em que, como o amor divino é inteiramente eterno, convém desse modo que seja eterno seu objeto de necessidade, de tal forma que sejam coisas eternas aquelas que ele ama, e assim leva esse amor a amar, porque a sabedoria, na qual esse amor termina, é eterna. Por isso dela está escrito: "Desde o princípio, antes dos séculos fui criada e no século futuro não haverei de desaparecer". E nos *Provérbios* de Salomão, a própria sabedoria diz: "Desde a eternidade fui estabelecida". No início do *Evangelho* de João pode-se notar claramente sua eternidade.

Daqui decorre que em qualquer lugar onde esse amor resplende, todos os demais amores se tornam obscuros e quase apagados, uma vez que seu objeto eterno vence e supera de modo desproporcional os outros objetos. Por essa razão os excelsos filósofos o demonstram abertamente em seus atos, pelos quais sabemos que eles descuraram todas as outras coisas, exceto a sabedoria. Por isso Demócrito, descurando-se a si próprio, não cortava a barba, nem os cabelos, nem as unhas; Platão, despreocupando-se dos bens temporais, renunciou à dignidade real, sendo filho de rei; Aristóteles, não se preocupando com outro amigo, combateu contra seu melhor amigo – exceto aquela -, contra o citado Platão. Por que falamos desses, quando sabemos de outros que, por esses pensamentos, desprezaram sua vida, como Zenon, Sócrates, Sêneca e muitos outros?

Entretanto, é evidente que a força divina, do mesmo modo que nos anjos, nesse amor desce nos homens. E para transmitir experiência a respeito, o texto grita a seguir: *E qualquer mulher gentil que não crer nisso, que vá com ela e observe*. Por mulher gentil entende-se a nobre alma de engenho e livre em seu próprio poder, que é a razão. Por isso as outras almas não podem ser ditas senhoras, mas servas, uma vez que não são para elas, mas para outras; e o filósofo diz, no segundo livro da Metafísica, que livre é aquela coisa que por sua causa o é, não pela dos outros.

Diz: *Vá com ela e observe seus atos*, isto é, que se faça acompanhar desse amor e olhe aquilo que dentro dele encontrar. Em parte diz respeito a nós, ao dizer: *Aí onde ela fala, desce*, isto é, onde a filosofia está em ato, desce um pensamento celestial, no qual se observa que essa é mais que uma realização humana; e diz "do céu", para dar a entender que não somente ela, mas os pensamentos amigos daquela são abstraídos das coisas baixas e terrenas.

A seguir fala como ela aumenta e acende amor onde quer que se mostre com a suavidade dos atos, porque toda a sua aparência é honesta, suave e sem qualquer excesso. Logo depois, para causar maior impressão com sua companhia, diz: *Gentil é na mulher o que nela se encontra, e belo é tudo aquilo que a ela se assemelha*. E acrescenta: *Pode-se dizer que seu olhar ajuda*. Cumpre salientar aqui que o olhar dessa mulher foi com tal intensidade dirigido para nós, não somente para ver o semblante que deixa transparecer, mas também para desejar e conquistar as coisas nele tem ocultas. Por isso, pelo mesmo motivo que, graças a ela, são compreendidas e são aceitas realidades que – se ela não nos fosse dada – pareceriam incríveis, existem eventos incríveis e miraculosos que, graças a ela, parecem de todo aceitáveis. Daí tem origem nossa fé, da qual provém a esperança, que é o desejar predisposto; e por ela a caridade opera. Por essas três virtudes se ascende para filosofar naquelas Atenas celestiais, onde os estoicos, os peripatéticos e os epicureus de modo concorde acorrem para a luz da verdade eterna.

## Capítulo XV

No capítulo precedente essa gloriosa mulher é recomendada por uma de suas partes componentes, isto é, amor. Agora neste pretendo expor a estrofe que começa desse modo: *Coisas aparecem em seu semblante*. Nele convém recomendar sua outra parte, isto é, sabedoria. O texto diz "que em seu semblante aparecem coisas que mostram prazeres do paraíso" e indica o local em que aparecem, ou seja, nos olhos e no sorriso. Aqui convém saber que os olhos da sabedoria são suas demonstrações, por meio das quais se vê a verdade de modo transparente; o seu sorriso é sua persuasão, por meio da qual é mostrada a luz interior da sabedoria, de um modo algo velado. Nessas duas coisas sente-se aquele prazer sumamente elevado de beatitude, o qual é bem máximo no paraíso.

Este prazer aqui na terra em outra coisa não pode consistir senão em olhar nesses olhos e nesse sorriso. O motivo é que, desde que qualquer coisa deseja naturalmente sua perfeição, sem a qual o homem não pode ser feliz, perfeição que consiste em ser bem-aventurado, porque, embora tivesse outras coisas, sem essa permaneceria nele o desejo. Esse desejo não pode coexistir com a beatitude, uma vez que a beatitude é coisa perfeita e o desejo é coisa defeituosa, porque ninguém deseja aquilo que tem, mas aquilo que não tem, o que é defeito evidente. Somente nesse olhar se adquire a perfeição humana, isto é, a perfeição da razão, da qual, como de parte de todo essencial, depende toda a nossa essência; e todas as outras nossas operações – sentir, nutrir, e tudo – existem unicamente para aquela, e esta existe para si só, e não para outras coisas; de modo que, sendo perfeita esta, perfeita é aquela, tanto que o homem, enquanto homem, percebe que se extingue todo desejo, e assim é bem-aventurado. Por isso é que no livro da *Sabedoria* se diz: "Quem despreza a sabedoria e a doutrina é infeliz", o que significa privação de ser feliz. Disso decorre que "ser feliz" se adquire pelo hábito da sabedoria e ser feliz é estar contente, segundo a opinião do filósofo. Nota-se, portanto, como no semblante dela aparecem coisas do paraíso. Por isso, no mencionado livro da *Sabedoria*, pode-se ler: "Ela é candor da eterna luz e espelho sem mácula da majestade de Deus."

Depois, quando se diz *Elas superam nosso intelecto*, desculpo-me porque pouco posso falar delas, por sua excessiva superioridade. Aqui convém saber que de certo modo essas coisas confundem nosso intelecto, enquanto há coisas que se afirmam como certas, que nosso intelecto não pode olhar, isto é, Deus, a eternidade e a primeira matéria, mas que são vistas com toda a certeza e com toda a fé acredita-se existirem; entretanto, aquilo que são, nós não podemos compreender e ninguém, senão como que sonhando e não de outro modo, pode chegar a seu conhecimento.

Na verdade, alguém pode aqui talvez duvidar sobre como a sabedoria pode tornar o homem feliz, não podendo mostrar-lhe perfeitamente certas coisas, uma vez que o desejo natural do homem seja o de saber e, sem satisfazer o desejo, o homem não pode ser feliz. Pode-se claramente responder que o desejo natural em cada coisa é medido segundo a possibilidade da coisa desejada, caso contrário iria contra si mesmo, o que é impossível, e a natureza o teria feito em vão, o que também é impossível.

Iria contra si mesmo porque, desejando sua perfeição, desejaria sua imperfeição, uma vez que desejaria sempre desejar-se a si mesmo e não realizar nunca seu desejo (nesse erro cai o avarento destinado a condenar-se e não nota que deseja sempre a si mesmo desejar, correndo atrás do número impossível de ser alcançado). Também a natureza teria sido feita em vão, desde que não seria destinada para qualquer fim. Entretanto, o desejo humano nesta vida é proporcional àquela ciência que aqui se pode ter e não ultrapassa esse limite senão por erro, o qual está fora da intenção natural. De igual modo é proporcional na natureza angélica e limitado àquela sabedoria que a natureza de cada um pode aprender. Essa é a razão pela qual os santos não têm inveja entre si, uma vez que cada um deles atinge o fim de seu desejo e esse desejo é proporcional à bondade da natureza. Por isso, uma vez que conhecer a respeito de Deus e de certas outras coisas, o que elas realmente são, não seja possível para nossa natureza, isso não é naturalmente por nós desejado saber. Com isso a dúvida está resolvida.

A seguir, quando diz: *Sua beleza chove faíscas de fogo*, penetra em outro prazer do paraíso, ou seja, na felicidade secundária, em relação à primeira, que procede de sua beleza. Cumpre saber aqui que a moralidade é beleza da filosofia, porque, assim como a beleza do corpo deriva dos membros enquanto devidamente dispostos, assim também a beleza da sabedoria, que é corpo da filosofia, como foi dito, deriva da ordem das virtudes morais, que agradam sensivelmente àquela. Entretanto, digo que sua beleza, isto é, sua moralidade, esparge faíscas de fogo, isto é, desejo honesto, que é gerado no prazer da doutrina moral. Esse desejo nos afasta também dos vícios naturais, bem como dos outros. Daí surge aquela felicidade que Aristóteles, no primeiro livro da *Ética*, define dizendo que é realização segundo a virtude em vida perfeita. Quando a canção diz: *Porém qualquer mulher observa sua beleza*, prossegue em elogios a ela, clamando às pessoas para que a sigam, desvendando-lhes o benefício decorrente, ou seja, que ao segui-la todos se tornam bons. Por isso diz *qualquer senhora*, isto é, qualquer alma, ouve sua beleza lastimar-se por não parecer como conviria, que olhe para esse modelo.

Aqui convém saber que os costumes são beleza da alma, isto é, de modo particular as virtudes, que às vezes por vaidade ou por soberba se tornam menos belas e menos agradáveis, como se poderá ver no último tratado. Entretanto digo que, para evitar isso, deve-se olhar nela, isto é, naquilo em que ela é exemplo de humildade, ou seja, naquela parte dela que se chama filosofia moral. Acrescento que, ao olhá-la –

refiro-me à sabedoria – nessa parte, todo viciado se tornará correto e bom. Por isso digo também: *Esta é aquela que humilha todo perverso*, ou seja, corrige com doçura aquele que abandonou o caminho correto.

Por fim, como máximo elogio à sabedoria, afirmo que ela é de todo mãe e antes de qualquer princípio, dizendo que com ela Deus começou o mundo e especialmente o movimento do céu que gera todas as coisas e do qual todo movimento teve início e é movido, dizendo: *Ela pensou que moveu o universo*. Isso quer dizer que ela estava no pensamento divino, que é o próprio intelecto, quando criou o mundo; disso decorre que ela o teria criado. Por isso é que Salomão diz no livro dos *Provérbios*, personificando a sabedoria: "Quando Deus preparava os céus, eu estava presente; quando com determinada lei e com certo movimento definia os abismos, quando lá em cima fixava os vapores e suspendia as fontes das águas, quando demarcava seus limites ao mar e impunha leis às águas para que não ultrapassassem seus limites, quando ele fixava os fundamentos da terra, eu estava com ele, dispondo todas as coisas e deleitava-me em cada um dos dias da criação".

"Ó, pior que mortos, que fugis da amizade dela, abri vossos olhos e olhai, porque antes que fôsseis, ela vos amava, preparando e estabelecendo vosso processo e, depois que fostes criados, para vos conduzir, veio a vós à vossa semelhança. Se todos não puderdes chegar à sua presença, honrai-a em seus amigos e segui os mandamentos deles como aqueles que anunciam a vontade desta imperatriz eterna – não fecheis os ouvidos a Salomão que isso vos fala, ao dizer que "o caminho dos justos é como luz resplendente que prossegue e cresce até o dia da beatitude" – seguindo-os, observando suas obras que para vós devem ser luz no caminho desta brevíssima vida.

Pode-se terminar aqui o verdadeiro sentido desta canção. Realmente, a última estrofe, que foi colocada como despedida, pode ser reduzida aqui facilmente a seu sentido literal, excetuando-se o momento em que essa mulher foi chamada *altiva e desdenhosa*. Cumpre salientar aqui que no início a própria filosofia me parecia, quanto à parte de seu corpo, isto é, sabedoria, arrogante, porque não sorria para mim, e suas persuasões eu ainda não entendia; e desdenhosa, porque não me voltava os olhos, ou seja, porque eu não podia ver suas demonstrações. De tudo isso, a falha estava de meu lado. Por isto e por aquilo que é transmitido no sentido literal, a alegoria da despedida é evidente, de modo que já é tempo, para prosseguir, de concluir este tratado.

# Tratado IV

## Canção

*As doces rimas de amor que eu costumava
procurar em meus pensamentos
é necessário que as deixe; não porque eu não espere
a elas voltar,
mas porque os atos desdenhosos e altivos
que em minha mulher
apareceram, fecharam-me o caminho
do costumeiro falar.*

*E pois que me parece tempo de desistir,
descurarei meu suave estilo,
que mantive ao tratar de amor;
falarei do valor,
pelo qual realmente alguém é gentil,
com rima áspera e sutil;
reprovando o juízo falso e vil
daqueles que querem que da gentileza
seja princípio a riqueza.*

*E, começando, invoco aquele senhor
que nos olhos de minha mulher mora,
pelo que ela de si mesma se enamora.*

*Houve um imperador que achava que a gentileza,*
*segundo seu parecer,*
*fosse antiga posse de bens patrimoniais*
*com bela educação;*
*houve outro de saber mais arrojado,*
*que esse ditado meditou,*
*e lhe tirou a última partícula,*
*porque nem ele talvez a tivesse!*

*Depois dele seguem-no todos aqueles*
*que afirmam ser gentil por linhagem consolidada*
*por longo período de grande riqueza;*
*e durou tanto*
*a tão falsa opinião entre nós,*
*que o homem chama*
*gentil homem aquele que pode dizer: "Eu fui*
*neto, ou filho, desse valente",*
*embora não seja de nada.*

*Mas extremamente desprezível parece, a quem realmente o fita,*
*alguém a quem se indica o caminho e depois igualmente o erra,*
*chegando ao ponto que, quase morto, continua caminhando!*

*Quem define: "O homem é madeira animada",*
*primeiro diz o que não é verdadeiro,*
*e depois o falso, não o diz por inteiro;*
*mas talvez mais que isso não consiga ver.*

*De modo semelhante quem insistisse*
*em manter a definição imperial errônea,*
*porque primeiro pôs o falso e depois,*
*com defeito prossegue;*
*porque as riquezas, como se acredita,*
*não podem conferir gentileza nem tirar,*
*uma vez que são vis por própria natureza:*
*pois que pinta uma figura,*
*se não pode ser ela, não pode realizá-la,*
*nem a torre bem erigida*
*pode desviar um rio que distante corre.*

*Que sejam vis as riquezas e imperfeitas é evidente,*
*porque, por mais que delas se acumule,*
*não dão paz, mas geram mais preocupações;*
*por isso o ânimo que é correto e veraz*
*quando se dissolvem não se abate.*

*Nem aceitam que o homem humilde se torne nobre,*
*nem de pai humilde descenda*
*gente que jamais possa nobre ser considerada;*
*isso é por eles admitido:*
*mas parece que sua razão não se sustente*
*porquanto decreta*
*que tempo é necessário para a nobreza,*
*definindo-a por meio desse.*

*Disso se segue também, que antes propus,*
*que somos todos nobres ou plebeus,*
*ou que não descendemos todos de mesma matriz;*
*mas com isso eu não concordo,*
*nem eles certamente, se forem cristãos!*

*Porque para intelectos sadios*
*é evidente que seus argumentos são vãos,*
*e eu como falsos os reprovo,*
*e deles me afasto;*
*e dizer quero agora, assim como sinto,*
*o que é nobreza e do que vem,*
*e darei os sinais que o homem nobre tem.*

*Afirmo que toda virtude principalmente*
*provém de única raiz:*
*virtude, digo, que torna o homem feliz*
*em suas realizações.*

*Este é, segundo a Ética diz,*
*um hábito de vida*
*que se põe entre excessos opostos no meio somente,*
*e essas são as palavras que diz.*

*Acrescento que a nobreza considerada em si
comporta sempre o bem de quem lhe está sujeito,
como a vileza comporta sempre o mal;
e tal virtude
privilegia sempre com o outro o bom entendimento;
porque numa só palavra
ambas são necessárias, que possuem o mesmo efeito.*

*Por isso é necessário que uma derive da outra,
ou ambas de uma terceira realidade;
mas se uma se equivale à outra,
mais ainda, dela derivará mais abertamente.*

*E aquilo que eu disse seja aqui dado como certo.
Nobreza está sempre onde há virtude,
mas nem sempre virtude onde estiver aquela;
como o céu está onde houver estrela,
mas não vice-versa.*

*E nós nas mulheres e nos jovens
vemos essa graça perfeita,
enquanto são julgadas pudicas,
que é outra coisa que virtude.*

*Virá portanto, como da cor negra a escura,
toda virtude dela,
ou o costume do justo meio, como disse antes.*

*Por isso ninguém se vanglorie
dizendo: "Por linhagem estou com ela",
que são quase deuses
aqueles que possuem tal graça, estando isentos de todo mal;
porque somente Deus à alma a confere
que vê em sua pessoa
perfeitamente caber: de modo que a não muitos
é dado colher a semente da felicidade,
colocada por Deus na alma justa.*

*A alma enriquecida com esta bondade
não a mantém escondida em si,
porque desde o momento em que entra no corpo
a mostra até a morte.*

*Obediente, meiga e pudica
é na primeira idade,
e seu corpo enfeita de beldade
com seus membros em proporção;
na juventude, temperada e forte,
cheia de amor e de discreta amabilidade,
e somente em lealdade encontra prazer;
é em sua velhice
prudente e justa, e tem fama de liberalidade,
e em si mesma sente prazer
ao ouvir contar as vantagens dos outros;
depois na quarta parte da vida
com Deus se une novamente,
contemplando o fim que a espera,
e bendiz os tempos passados.*

*Já podeis ver quantos são os que se enganam!*

*Contra-os-errantes minha, tu partirás;
e quando estiveres
no local em que estiver a senhora nossa,
não mantenhas escondida tua tarefa:
por certo poderás dizer-lhe:
"Eu vou falando de vossa amiga."*

# Capítulo I

Amor, segundo a opinião geral dos sábios que falam sobre ele e segundo observamos continuamente pela experiência, é aquilo que aproxima e une o amante à pessoa amada. Por isso Pitágoras diz: "Na amizade um só se torna múltiplo". Uma vez que as coisas unidas comunicam naturalmente entre si suas qualidades, de tal modo que por vezes uma se transfere totalmente na natureza da outra, acontece que as paixões da pessoa amada entram na pessoa amante, de forma que o amor de uma é comunicado à outra, como também o ódio, o desejo e todas as outras paixões. Por essa razão é que os amigos de um são amados pelo outro e os inimigos, odiados. Por essa razão também o provérbio grego reza: "Todas as coisas devem ser comuns entre amigos".

Por isso eu, chegando a tornar-me amigo dessa mulher, como assinalei na verdadeira exposição apresentada, comecei a amar e a odiar segundo o amor e o ódio dela. Comecei, portanto, a amar os seguidores da verdade e a odiar os seguidores do erro e da falsidade, como ela faz. Como, porém, cada coisa deve ser amada por si e nada deve ser odiado se não sobrevier maldade, razoável e honesto é, não as coisas, mas a maldade das coisas odiar e procurar afastar-se delas. Se alguém compreende isso, minha excelsa mulher compreende-o mais que qualquer um, ou seja, que a causa do ódio é definida a partir da maldade das coisas, uma vez que nela reside toda a razão e nela reside como princípio a honestidade.

Seguindo-a no agir e na paixão quanto podia, eu abominava e desprezava os erros das pessoas, não como injúria ou insulto dos que erravam, mas dos erros que, ao recriminá-los, acreditava torná-los desagradáveis e, desse modo, afastar-me daqueles que por esses erros eram odiados por mim. Entre esses erros, havia um que eu recriminava sobremodo, o qual não é prejudicial e perigoso somente para aqueles que nele incidem, mas também para os outros que o seguem: leva dor e prejuízo. Este é o erro da bondade humana enquanto é colocada em nós pela natureza e que deve ser chamada "nobreza"; erro que, por mau costume e por reduzida compreensão, acabou se fortalecendo de tal forma, que a opinião da grande maioria a respeito era falsa; e da falsa opinião surgiam falsos juízos e, dos falsos juízes, surgiam as reverências injustas e o desprezo, porque os bons eram vistos com arrogante desprezo e os maus eram honrados e elogiados. Isso se constituía em péssima confusão no mundo, como poderia constatar quem observasse com perspicácia as consequências que disso poderiam decorrer.

Por esse motivo, embora essa minha mulher modificasse em relação a mim seu doce semblante, sobretudo quando eu olhava e procurava saber se a primeira matéria dos elementos estava em Deus – razão pela qual me abstive um pouco de fitar seu vulto – permanecendo como que ausente dela, passei a observar o pensamento humano no que diz respeito ao mencionado erro. Para evitar a ociosidade, que é sobretudo inimiga dessa mulher, e para extinguir esse erro que tantos amigos tira dela, decidi gritar para as pessoas que seguiam mau caminho, para que se voltassem para o bom caminho. Então comecei uma canção, cujo início era o seguinte: *As suaves rimas de amor que eu costumava*. Nesta canção pretendo induzir as pessoas a seguir o caminho correto no tocante ao próprio conhecimento da verdadeira nobreza, como se poderá ver pelo conhecimento de seu texto, cuja exposição é o objetivo neste momento. Desde que nesta canção o objetivo se referia a remédio tão necessário, não era adequado falar por meio de figuras, mas optou-se por medicação rápida, a fim de que fosse imediata a recuperação da saúde que, gravemente debilitada, levaria a tão triste morte.

Não será necessário, portanto, utilizar alegorias na exposição desta, mas explicar somente seu sentido literal. Por minha mulher entendo sempre aquela que é descrita na exposição anterior, isto é, aquela luz sobremaneira intensa, a Filosofia, cujos raios levam a brotar e frutificar nas flores a verdadeira nobreza dos homens, da qual a presente canção pretende tratar de modo pleno.

## Capítulo II

No início da exposição, para dar a entender melhor o sentido da presente canção, convém dividi-la primeiro em duas partes. Na primeira fala-se de modo introdutório e, na segunda, dá-se sequência ao tratado. A segunda parte começa pelo início da segunda estrofe, onde se diz: *Houve um imperador que achava que a gentileza...* A primeira parte pode ainda ser dividida em três segmentos: no primeiro digo porque me afasto do estilo usual; no segundo falo daquilo que é minha intenção tratar; no terceiro peço ajuda àquela coisa que mais pode me auxiliar, isto é, a verdade. O segundo segmento começa: *E pois que me parece tempo de desistir*. O terceiro começa assim: *E, começando, invoco aquele senhor*.

Digo, portanto, que "me convém deixar as doces rimas de amor que costumam procurar meus pensamentos". Assinalo o motivo, dizendo que não é minha intenção não fazer mais rimas de amor, nas que em minha mulher apareceram novas feições que me tiraram a vontade de falar de amor no momento. Cumpre salientar aqui que os atos dessa mulher não são "desdenhosos e altivos" senão na aparência, como no décimo capítulo do tratado precedente se pode verificar, quando digo que a aparência da verdade era discordante. E como pode acontecer que uma mesma coisa seja doce e pareça amarga ou que seja clara e pareça obscura, aqui isso pode ser verificado de modo bastante preciso.

A seguir, quando digo *E pois que me parece tempo de desistir*, afirmo que é disso que pretendo tratar. Aqui não é o caso de continuar sem explicar o que significa "tempo de desistir", uma vez que uma poderosa causa determina meus passos, mas deve-se verificar como de modo razoável esse tempo influi em todas as nossas ações e sobretudo no falar.

O tempo, segundo afirma Aristóteles no segundo livro da Física, é "número de movimento de ordem cronológica" e "número de movimento celeste", o qual dispõe de modo diverso as coisas daqui debaixo para receber determinada influência. De fato, a terra é disposta de uma forma no início da primavera para receber as plantas e as flores e de outra forma no inverno; e de uma forma é disposta uma estação para receber a semente que outra estação. Assim nossa mente, porquanto está baseada na conformação de nosso corpo que, para seguir a revolução do céu, de modo diverso é disposto num período de tempo que em outro.

Por essa razão é que as palavras, que são como semente de ação, devem ser ditas ou não com grande cautela, tanto para que sejam bem recebidas e se tornem frutíferas, quanto para que não subsista da parte delas o defeito da esterilidade. Por isso deve-se prever o tempo, tanto para aquele que fala como para aquele que deve ouvir, porque, se o falante está maldisposto, na maioria das vezes suas palavras são prejudiciais e, se o ouvinte está indisposto, essas são mal recebidas, por melhores que sejam. Por isso Salomão diz no *Eclesiastes*: "Há tempo para falar e tempo para calar." Por esse motivo, sentindo minha disposição alterada, em razão do que foi dito no capítulo precedente, pareceu-me que fosse o momento de desistir de falar de amor, tempo que comporta a satisfação de todo desejo e dá de presente, quase como doador, àqueles que não se incomodam em esperar. Por isso o apóstolo São Tiago diz em sua epístola: "O agricultor espera o precioso fruto da terra, comportando-se com paciente espera até que não obtenha os frutos, precoces e tardios." E todas as nossas incomodações, se verificarmos com cuidado suas origens, provêm quase todas do fato de não termos consciência da natureza do tempo.

Digo "pois que parece tempo de desistir, descurarei", isto é, deixarei de lado, "meu estilo", ou seja, modo, "suave" que mantive ao falar de amor; e digo que passo a falar daquele "valor" pelo qual alguém é verdadeiramente nobre. Embora "valor" possa ser entendido de muitas maneiras, aqui toma-se "valor" como poder de natureza ou bondade conferida por aquela, como se verá mais adiante. Prometo tratar esse tema *com rima áspera e sutil*. Convém saber que "rima" pode ser considerada de dois modos, ou seja, em sentido lato e em sentido estrito. Em sentido estrito, entende-se somente aquela concordância que se costuma fazer na última e penúltima sílabas. Em sentido lato, entende-se todo o discurso que se insere em números e tempo determinado em consonâncias rimadas. De acordo com este último é que esse proêmio é tomado e deve ser entendido. Por esse motivo digo *áspera* quanto ao tom do texto que, para esse tema, não deve ser brando; e digo *sutil* quanto ao sentido das palavras que procedem argumentando e discutindo de maneira sutil.

E acrescento: *Reprovando o juízo falso e vil*, onde prometo também reprovar o juízo das pessoas que vivem no erro; *falso*, ou seja, distante da verdade, e *vil*, isto é, com vileza de ânimo confirmada e fortalecida. Convém observar que, neste proêmio, primeiro prometo tratar o verdadeiro e depois reprovar o falso e, no tratado, procedo de forma inversa, porque primeiramente é reprovado o falso e depois se trata do verdadeiro, o que pareceria contradizer o prometido. Por isso convém saber que, embora pretenda falar de um e outro, pretendo tratar principalmente do verdadeiro; pretendo condenar o falso enquanto, desse modo, a verdade aparece mais claramente. Aqui prometo tratar primeiramente do verdadeiro como objetivo principal que deixa os ouvintes desejosos de ouvir. No tratado, primeiramente é reprovado o falso, a fim de que, fugindo das más opiniões, a verdade seja depois mais livremente recebida. Este método foi seguido pelo mestre da razão humana, Aristóteles, que combatia sempre os adversários da verdade e depois, convencidos esses, mostrava a verdade.

Por fim, quando digo: *E, começando, invoco aquele senhor*, invoco a verdade para que esteja comigo, verdade que é aquele senhor que mora nos olhos, isto é, nas demonstrações da filosofia, e é realmente senhor porque a alma desposada com a verdade é senhora, caso contrário é serva, sem liberdade alguma. E digo ainda: *Pelo que ela de si mesma se enamora*, uma vez que a própria filosofia, que é, como foi dito no tratado precedente, amoroso uso de sabedoria, se contempla a si mesma, quando a beleza de seus olhos aparece para ela. Isso não quer dizer outra coisa senão que a alma filosofante não somente contempla a própria verdade, mas também contempla seu próprio contemplar e a beleza dele, voltando-se para si mesma e enamorando-se de si mesma pela beleza de seu primeiro olhar. Assim termina aquilo que, à maneira de proêmio, traz o presente tratado em três segmentos distintos.

## Capítulo III

Visto o sentido do proêmio, convém prosseguir no tratado e, para melhor mostrá-lo, convém seguir suas principais que são três: na primeira, trata-se da nobreza segundo a opinião de terceiros; na segunda, exponho minha opinião; na terceira, volta-se a falar da canção para alguma complementação daquilo que foi dito. A segunda começa com *Afirmo que toda virtude principalmente*. A terceira começa assim: *Contra-os-errantes minha, tu partirás*. Junto a essas três partes gerais, convém fazer outras divisões para compreender bem o conteúdo daquilo que se pretende mostrar. Por isso ninguém se surpreenda se prosseguirmos com muitas divisões, uma vez que é obra ingente e complexa desenvolver o presente, coisa descurada pelos autores, e uma vez que o tratado a que ora me dedico deve ser longo e sutil, na tarefa de desenredar perfeitamente o texto, de acordo com o sentido que transmite.

Agora digo que esta primeira parte se divide em duas. Na primeira, são mencionadas as opiniões dos outros e na segunda essas são rejeitadas. Esta segunda parte começa assim: *Quem define: "O homem é madeira animada."* Do restante da primeira parte tem-se ainda dois segmentos: o primeiro narra a opinião do imperador; o segundo, relata a opinião do povo em geral, que está privada de toda argumentação séria.

Este segundo segmento começa desse modo: *Houve outro de saber mais arrojado.* Digo, portanto: *Houve um imperador*, ou seja, ele foi investido da função imperial. Cumpre saber aqui que Frederico da Suábia, último imperador dos romanos – digo último com relação aos tempos de hoje, não obstante tenham sido eleitos depois Rodolfo, Andolfo e Alberto, após sua morte e a de seus descendentes – ao ser perguntado o que seria gentileza ou nobreza, respondeu que era antiga riqueza e bons costumes. Afirmo que *houve outro de saber mais arrojado* que, pensando e revolvendo esta definição de todos os lados, tirou a última parte, ou seja, os bons costumes, e ficou com a primeira, isto é, a antiga riqueza. Segundo o texto parece duvidar, talvez por não incluir os bons costumes, não querendo perder o designativo de nobreza, definiu essa segundo lhe convinha, ou seja, posse de antiga riqueza.

Esta é a opinião da grande maioria, e seguem as pegadas dele todos aqueles que tratam como nobre todo aquele de estirpe que foi rica durante muito tempo, uma vez que quase todos palavreiam desse modo. Essas duas opiniões – embora uma, como foi dito, não deva ser levada em nenhuma consideração – parecem ser apoiadas por duas graves razões. A primeira é que, como diz o filósofo, aquilo que é aceito pela grande maioria é impossível que seja de todo falso. A segunda razão é a autoridade da definição do imperador. Para que melhor se possa ver a força da verdade, que dobra qualquer autoridade, pretendo explicar quanto uma e outra dessas razões servem realmente de base e se são poderosas. Primeiramente, porquanto sobre a autoridade imperial não se pode saber se não se tiver seus pressupostos, desses convém tratar especificamente em capítulo especial.

# Capítulo IV

O fundamento radical da majestade imperial, de acordo com a verdade, é a necessidade da civilização humana que é ordenada para um fim, ou seja, a vida feliz; A esta ninguém consegue chegar por si mesmo, sem o auxílio de alguém, uma vez que o homem tem necessidade de muitas coisas, às quais um só não pode satisfazer. Por isso é que o filósofo diz que o homem é naturalmente um animal social. Como o homem para sua suficiência requer companhia doméstica da família, assim uma casa, para sua suficiência, requer uma vizinhança, caso contrário, haveria muitas deficiências que se tornariam impedimento para a felicidade. Entretanto, como uma vizinhança não pode satisfazer a todas as necessidades internas, convém que a cidade as cubra. Por outro lado, a cidade, para suas artes e para sua defesa, precisa de relações de amizade com as cidades próximas. Por isso foi feito o reino.

Por isso, uma vez que o ânimo humano não se contenta com determinada posse de terras, mas deseje sempre conquistar mais glória, como se constata por experiência, é necessário que surjam discórdias e guerras entre reinos, guerras que trazem tribulações para as cidades e, por meio das cidades, para as vizinhanças e, por meio das vizinhanças, para as casas e, por meio das casas, para o homem, impedindo assim a felicidade. Para eliminar essas guerras e suas causas, é de evidente necessidade que, para toda a terra e para tudo aquilo que foi dado possuir ao gênero humano, seja estabelecida a monarquia, isto é, um único principado que tenha um só príncipe. Este príncipe, possuindo tudo e não podendo desejar mais, mantenha os reis felizes dentro dos limites de seus reinos, de modo que reine a paz entre eles, na qual repousem as cidades e, nessa condição, as vizinhanças se amem e, nesse amor, as casas satisfaçam suas necessidades que, uma vez satisfeitas, o homem viva de maneira feliz. E é para isso que ele nasceu.

Com relação a essas razões podem ser relembradas as palavras do filósofo, no livro intitulado *Política*. Ele afirma que, quando muitas coisas são ordenadas para um único fim, uma delas deve prevalecer sobre as outras ou deve ser a regente e todas as outras, regidas e governadas. Como observamos num navio, onde diversas tarefas e diversos fins são ordenados para um único objetivo, ou seja, alcançar o desejado porto através de uma rota segura. Nesse navio, assim como cada oficial ordena a própria operação para o objetivo específico, assim também há um que considera todos esses objetivos e direciona todos eles para o objetivo mais importante; e este é o comandante, a cuja voz todos devem obedecer.

Isso podemos observar nas religiões, nos exércitos e em todas aquelas coisas que, como foi dito, são ordenadas para um determinado fim. Por essa razão pode-se evidentemente observar que para a perfeição da religião universal da espécie humana é necessário que haja um só, como comandante de navio, que, considerando as diversas condições do mundo, tenha, na organização das diversas e necessárias tarefas, o ofício absolutamente universal e incontrastável de comandar. Este ofício por excelência é chamado império, sem qualquer acréscimo, uma vez que é o comando de todos os outros comandos. Aquele que é investido desta função é chamado imperador, uma vez que ele é chefe de todos os comandantes e aquilo que ele diz é lei para todos e por todos deve ser obedecido, bem como qualquer outro comando é dele que haure vigor e autoridade. Desse modo se manifesta que a majestade e a autoridade imperial é muito elevada na sociedade humana.

Na verdade, alguém poderia opor-se dizendo que, embora a função de império se estenda pelo mundo todo, isso seguramente não torna a autoridade do príncipe romano suprema, como se pretenderia, uma vez que o poderio romano não foi conquistado pela razão nem por decreto de consenso universal, mas pela força que parece ser contrária à razão. A isso pode-se facilmente responder que a escolha desse supremo comandante convinha que procedesse necessariamente daquele conselho que tudo provê, isto é, Deus. Caso contrário, a escolha não teria sido igual para todos, uma vez que, antes do mencionado cargo, ninguém se interessava pelo bem comum. Entretanto, não houve nem haverá natureza mais branda em governar, mais forte em manter e mais sutil em conquistar do que aquela do povo latino – como pode ser observado por experiência – e sobretudo daquele povo santo, no qual estava misturado o sublime sangue troiano, isto é, Roma; a esse Deus escolheu para essa função, uma vez que, embora não se pudesse obter a mesma sem grande força e para tanto fosse requerido usar de benignidade de extrema grandeza e humanidade, esse era aquele povo que para isso estava mais disposto. Por isso, o povo romano não conquistou o império pela força, mas pela providência divina que está acima de toda razão.

Com isso concorda Virgílio no primeiro livro da *Eneida*, quando diz, ao falar de Deus: "A eles – isto é, aos romanos – não ponho limites de coisas nem de tempo; a leis dei império sem fim." A força, portanto, não foi causa causante, como acreditava quem se opunha, mas foi causa instrumental, como os golpes do martelo são causa da faca e a alma do ferreiro é causa eficiente e causante. Desse modo, não a força, mas a razão e, mais ainda, divina, foi o princípio do império romano. Que assim seja, pode-se constatar por meio de dois argumentos claros que mostram que aquela civilização que imperava tinha tanto especial origem de Deus como especial desenvolvimento favorecido por Deus. Como, porém, neste capítulo não se poderia tratar do tema sem demasiada extensão e como os longos capítulos são inimigos da memória, farei ainda uma digressão em outro capítulo para ilustrar os mencionados argumentos, o que deverá ser sem utilidade e grande prazer.

## Capítulo V

Não é de se surpreender se a divina providência, que transcende qualquer limite da inteligência angélica e humana, procede muitas vezes de maneira oculta para nós, uma vez que com frequência as ações humanas escondem para os próprios homens sua intenção; antes, deve-se ficar realmente surpreso quando a execução do eterno conselho procede de forma totalmente evidente para nossa razão. Por isso, no início deste capítulo, posso falar pela boca de Salomão que em seus *Provérbios* diz da sabedoria: "Escutai, porquanto devo falar de grandes coisas."

Querendo a incomensurável bondade divina reconduzir a criatura humana à sua imagem e semelhança, a qual, pelo pecado da prevaricação do primeiro homem, se havia afastado de Deus e deformado, naquele excelso e perfeitamente unido conselho da Trindade foi definido que o Filho de Deus haveria de descer à terra para restabelecer essa concórdia. Como, porém, em sua vinda ao mundo era necessário que não somente o céu, mas também a terra estivesse em ótima disposição e que a ótima disposição da terra se verifica quando está sob a monarquia, isto é, toda ela sob um único príncipe, como foi dito antes, a divina providência estabeleceu aquele povo e aquela cidade que devia realizar isso, ou seja, a gloriosa Roma.

Uma vez que também a hospedagem em que o rei celestial devia entrar era necessário que fosse extremamente limpa e pura, foi preparada uma santíssima progênie, da qual, depois de muitas ações meritórias, nascesse uma mulher mais perfeita que todas as outras para que ela acolhesse no próprio seio o Filho de Deus. Essa progênie foi a de Davi, do qual descendeu a ousadia e a honra do gênero humano, isto é,

Maria. Por isso está escrito em Isaías: "Nascerá uma vergôntea da raiz de Jessé e de sua raiz brotará uma flor." Jessé foi pai do citado Davi. Tudo isso aconteceu ao mesmo tempo, nascendo Davi e surgindo Roma, ou seja, quando Eneias partiu de Troia para a Itália, dando origem à cidade de Roma, como testemunham os escritos. Por essa razão é manifesta a escolha divina do império romano, uma vez que o surgimento da cidade santa foi contemporâneo da origem da progênie de Maria.

De modo acidental deve-se afirmar que, desde que o próprio céu começou a girar, não esteve em melhor disposição senão na época em que do alto desceu aquele que o criou e que o governa, como os matemáticos, graças à excelência de seu conhecimento, podem demonstrar. Como testemunha Lucas Evangelista, o mundo nunca esteve nem estará nunca tão perfeitamente disposto como então, ordenado sob a voz de um só, príncipe e governante do povo romano. Por isso a paz universal reinava em todos os lugares, de modo que, como nunca acontecera nem haverá de acontecer, o navio da sociedade humana singrava reto por suave caminho em direção ao porto determinado.

Ó inefável e incompreensível sabedoria de Deus que ao mesmo tempo tanto antes te preparaste para tua vinda lá na Síria e aqui na Itália! Ó estultíssimas e vilíssimas bestas que à maneira do homem pastais e que, contra nossa fé, pretendeis falar e quereis saber, fiando e capinando, aquilo que Deus, com tanta prudência estabeleceu! Malditos, vós e vossa presunção, e também aqueles que em vós acreditam!

Como foi dito antes no final do capítulo precedente deste tratado, teve por intervenção de Deus não somente surgimento especial, mas também desenvolvimento especial, porque, em resumo, começando de Rômulo, que foi o primeiro pai dela, até sua idade mais perfeita, ou seja, na época do mencionado imperador, seu desenvolvimento se verificou não somente por humanas mas também por divinas realizações. Se considerarmos os sete reis que a governaram no início, isto é, Rômulo, Numa, Tulo, Anco e os reis Tarquínios, que foram como que portadores e tutores de sua infância, podemos encontrar nos escritos da história romana, sobretudo naqueles de Tito Lívio, que esses eram distintos entre si por seu caráter, seguindo os costumes de seu próprio tempo. Se considerarmos depois a fase de sua adolescência, após a emancipação da tutoria real, do primeiro cônsul Bruto até César, primeiro príncipe supremo, a encontraremos exaltada não por cidadãos humanos, mas por divinos, nos quais subsistia não um amor humano, mas divino, ao amá-la. Isso não podia nem devia acontecer senão por um fim especial, predisposto por Deus com tamanha infusão celestial.

Quem haveria de dizer que não foi por inspiração divina que Fabrício[23] recusou quantidade de ouro quase infinita para não trair sua pátria? Cúrio[24] que, tentado pelos samnitas a se corromper, recusou imensa quantidade de ouro por amor à pátria, dizendo que os cidadãos romanos não queriam possuir o ouro, mas os possuidores do ouro? E Múcio[25] que deixou sua própria mão arder por ter falhado no golpe que havia arquitetado para libertar Roma?

Quem haveria de dizer que Torquato[26], ao condenar seu próprio filho à morte por amor do bem público, teria suportado isso sem auxílio divino? E de modo semelhante o já citado Bruto[27]? Quem haveria de falar algo dos Décios[28] e dos Drúsios[29] que ofereceram a própria vida pela pátria?

Quem haveria de dizer que o cativo Régulo[30], enviado de Cartago para Roma para trocar os prisioneiros cartagineses por outros prisioneiros romanos, incluindo ele próprio, uma vez concluída a legação teria decidido contra si próprio por amor de Roma, impelido somente pela natureza humana e não pela divina? Quem haveria de dizer, de igual modo, que Quíncio Cincinato[31], chamado dos campos de cultivo para ser ditador e, depois de ter cumprido sua missão, teria recusado espontaneamente aquele cargo para retornar às lides agrícolas?

---

(23) Caius Fabritius Luscinus, cônsul em 282 e 278 a.C., recusou a quarta parte do reino de Epiro que lhe foi oferecida pelo rei Pirro para trair Roma.

(24) Manlius Curius Dentatus foi um dos maiores generais de Roma, tendo vencido em batalha os samnitas, os sabinos, os gauleses sênones e finalmente o rei Pirro no ano 275 a.C.

(25) Mucius Scaevola, lendário soldado do início do reino de Roma, que atravessou as fileiras inimigas que assediavam Roma para matar o rei etrusco Porsena dentro de sua tenda; por engano, matou o secretário, confundindo com o rei; para condenar e castigar sua mão que falhara, estendeu-a sobre o fogo e a deixou queimando.

(26) Titus Manlius Torquatus, duas vezes ditador e três vezes cônsul, condenou à morte o próprio filho por ter abandonado seu destacamento e desobedecido às ordens dele, ao aceitar o desafio de um guerreiro para bater-se em duelo.

(27) Lucius Junius Brutus, sobrinho do rei Tarquínio, o Soberbo, e pai de Lucrécia que se suicidou após ter sido estuprada por um parente do rei. Por causa disso, sublevou o povo de Roma contra o rei e guiou a revolta que culminou com a instauração da república, da qual foi o primeiro cônsul.

(28) Publius Decius Mura, na batalha do Vesúvio, ao saber que o oráculo predissera que os romanos haveriam de vencer somente se um de seus comandantes morresse, imolou-se voluntariamente, julgando mais útil para a pátria a vida dos outros generais. Seguiu seu exemplo o filho de mesmo nome que se imolou na guerra contra os sanitas; de igual nome, o neto fez o mesmo na guerra contra Pirro.

(29) Embora várias personalidades romanas fossem portadoras deste sobrenome, não se tem notícia de nenhuma que tivesse praticado algum ato de heroísmo.

(30) Marcus Attilius Regulus, para manter a palavra dada, voltou para Cartago, embora não fosse necessário, onde foi preso e colocado dentro de um barril fechado que foi deixado rolar de um elevado declive, provocando-lhe a morte.

(31) Lucius Quintius Cincinnatus contra sua vontade aceitou o cargo de ditador no ano 485 a.C. para livrar Roma dos équos; de pois de derrotá-los, largou tudo e voltou à vida dos campos.

Quem haveria de dizer que Camilo⁽³²⁾, condenado e enviado ao exílio, teria voltado para libertar Roma de seus inimigos e, depois da liberação, teria espontaneamente retornado ao exílio para não ofender a autoridade do Senado, sem instigação divina?

Ó sacratíssimo peito de Catão⁽³³⁾, quem poderia ousar falar de ti? Certamente, não podendo falar mais de ti é melhor calar e seguir Jerônimo, quando ao falar de Paulo no proêmio da Bíblia, diz que é melhor calar do que dizer pouco. Deve ser certo e evidente, ao relembrar a vida desses e de outros divinos cidadãos, não foram realizadas tantas admiráveis ações sem alguma luz da bondade divina, acrescida à ao bom caráter deles. Deve ser evidente que esses excelsos homens foram instrumentos com os quais a divina providência interveio no império romano, no qual muitas vezes parecia que os próprios braços de Deus estavam presentes.

Não colocou Deus as próprias mãos na batalha, ocorrida no início da história romana quando era disputada a capital do reino, em que os albanos combateram contra os romanos, quando um só romano⁽³⁴⁾ teve nas mãos a liberdade de Roma? Deus não colocou as próprias mãos quando os gauleses, tendo invadido Roma, tomavam de assalto o Capitólio durante a noite e somente a voz de um ganso⁽³⁵⁾ alertou os romanos? Deus não colocou as mãos quando, na guerra contra Aníbal, depois de perder tantos cidadãos que três módios de anéis deles foram levados para a África, os romanos quiseram abandonar seu território, se aquele abençoado Cipião, o jovem, não tivesse empreendido a ida para a África para reconquistar a liberdade? Não colocou Deus as mãos, quando um novo cidadão de condição humilde, isto é, Cícero, defendeu a liberdade romana contra um cidadão de tão elevada condição, como era Catilina? Certamente que sim. Por essa razão, mais não se deve exigir para comprovar que nascimento especial e que desenvolvimento peculiar, arquitetado e estabelecido por Deus, foi aquele

---

(32) Marcus Furius Camillus, tribuno militar por seis vezes e ditador no ano 396 a.C., foi exilado no ano 391 por motivos desconhecidos. No ano seguinte, ao saber que Roma havia sido tomada pelos gauleses, reuniu um exército de aventureiros e socorreu a cidade, libertando-a. Logo depois voltou para o exílio, a fim de não constranger o Senado que havia decretado sua expulsão de Roma.

(33) Marcus Porcius Cato, implacável defensor das liberdades republicanas, suicidou-se no ano 46 a.C. para não ter de assistir a ascensão de Júlio César ao poder como ditador.

(34) Para evitar maior derramamento de sangue com o enfrentamento dos dois exércitos, romanos e albanos concordaram que somente alguns homens lutassem. Os romanos escolheram os três Horácios e os albanos, os três Curiácios. Conta-se que, abatidos dois Horácios, o último conseguiu matar os três Curiácios, decretando a vitória de Roma.

(35) Os gauleses tentavam tomar de assalto à noite a colina do Capitólio, mas foram impedidos pelo grasnar dos gansos consagrados a Juno, os quais despertaram as sentinelas que deram o alarme.

dessa santa cidade. Sou da firme opinião que as pedras que estão em suas muralhas são dignas de reverência e que o solo em que se assenta é muito mais digno do que os homens dizem e pregam.

## Capítulo VI

No terceiro capítulo deste tratado, foi prometido descrever a grandeza da autoridade imperial e da autoridade filosófica. Após ter falado sobre a imperial, convém que prossiga minha exposição falando daquela do filósofo, conforme promessa feita. Em primeiro lugar, cumpre verificar o que este vocábulo significa, uma vez que aqui se torna mais necessário sabê-lo do que ao tratar da autoridade imperial que, por sua majestade, não paira dúvidas sobre ela.

Deve-se saber que "autoridade" não é outra coisa senão "ato de autor". Este vocábulo, ou seja, "autor", sem aquela terceira letra "c" ("*auctor*"), pode ter duas origens. Uma remonta a um verbo, há muito caído em desuso na gramática, que significa a mesma coisa que "ligar palavras", isto é, "auieo". Quem observar com atenção, ele próprio o demonstra claramente em sua primeira forma, visto que é constituído unicamente de ligação de palavras, isto é, de somente cinco vogais, que constituem a alma e o vínculo de todas as palavras. Além do mais, é composto por elas de modo volúvel, para configurar a imagem de vínculo, porque, começando de A chega-se finalmente ao U, e pelo I chega diretamente ao E, depois volta e torna no O, de modo que realmente se pode imaginar esta figura A, E, I, O, U, que é figura de ligação. Que "autor" provenha e derive deste verbo, toma-se por base somente os poetas que, com a arte das Musas, ligaram suas palavras, mas neste momento não se utiliza esta significação.

A outra origem, da qual deriva "autor", como o testemunha Uguiccione no início de seu livro *Derivações*, é o vocábulo grego "autentin", que pode ser transposto para o latim como "digno de fé e de obediência". Desse modo "autor", com essa derivação, pode ser tomado para qualquer pessoa digna de fé e digna de ser obedecida. Deste provém o presente vocábulo de que no momento se trata, ou seja, "autoridade". Por essa razão, pode-se constatar que "autoridade" equivale a "ato digno de fé e de obediência". Se eu provasse, portanto, que Aristóteles é muito digno de fé e de obediência, é evidente que suas palavras se constituem em elevadíssima e suprema autoridade.

Que Aristóteles seja extremamente digno de fé e de obediência, pode ser provado desse modo. Entre operários e artífices de diversas artes e ofícios, direcionados para uma realização ou arte final, o artífice ou idealizador desta deve ser digno de fé e obedecido de maneira completa por todos, como aquele que unicamente visa o fim último de todos os outros fins. Por isso deve acreditar no cavaleiro o fabricante de espadas, o fabricante dos arreios, o seleiro, o escudeiro e todos aqueles ofícios que são direcionados para a arte da cavalaria. Uma vez que todas as operações humanas requerem um fim, ou seja, aquele da vida humana, para o qual o homem foi ordenado enquanto é homem, o mestre e o artífice que isso considera e busca deve ser de maneira completa crido e obedecido. Este é Aristóteles e, portanto, ele é extremamente digno de fé e de obediência.

Para verificar como Aristóteles é mestre e guia da razão humana, enquanto visa sua realização final, cumpre saber que este nosso fim, que cada um deseja naturalmente, foi analisado desde a mais remota antiguidade pelos sábios. Como aqueles que desejam esse fim são tão numerosos e os desejos se diversificam de um sujeito a outro, embora, fazendo-se abstração, o desejo em si é universalmente sempre o mesmo, foi muito difícil definir aquele em que corretamente repousaria cada desejo humano. Foram, portanto, filósofos muito antigos, entre os quais primeiro e príncipe é Zenon[36], que constataram e acreditaram que o fim da vida humana é unicamente a rígida honestidade. Isso quer dizer seguir rigidamente a verdade e a justiça, sem exceção alguma, sem mostrar qualquer dor, sem demonstrar qualquer alegria, sem denotar qualquer pendor por paixão. Definiram desse modo essa retidão: "Aquilo que, sem utilidade e sem fruto, por sua própria causa deve ser louvado." Esses e seus seguidores foram chamados estoicos e um deles foi aquele famoso Catão, de quem anteriormente não ousei falar.

Houve outros filósofos que constataram e acreditaram de modo diverso. Primeiro e príncipe deles foi um filósofo chamado Epicuro[37]. Ao observar que todo animal, logo após seu nascimento é pela própria natureza direcionado para seu fim que evita a dor e procura a alegria, esses afirmaram que nosso fim é a voluptuosidade ("*voluptade*" e não

---
(36) Zenon, fundador da escola dos estoicos.
(37) Epicuro, fundador da escola dos epicureus.

"*voluntade*" [vontade], pois a escrevo com "*p*"), ou seja, prazer sem dor. Uma vez que entre o prazer e a dor não colocava qualquer meio termo, dizia que "voluptuosidade" não era outra coisa senão "não dor", como parece que Cícero escreve no primeiro livro de *De Finibus bonorum et malorum*. Seguidor desses, denominados epicureus por derivação de Epicuro, foi Torquato, nobre romano, descendente do sangue do glorioso Torquato que mencionei anteriormente.

Houve outros, que tiveram início com Sócrates e depois com seu sucessor, Platão, os quais, observando com maior sutileza e constando que em nossas ações podia-se pecar e que se pecava muito e pouco, afirmaram que nossas ações desprovidas de excesso e de falha, calculadas como estando no meio por nossa escolha, que é virtude, era aquele fim de que se trata agora e o denominaram "ação com virtude". Esses foram chamados acadêmicos, como Platão e Espeusipes, seu sobrinho, por causa do local em que Platão estudava, isto é, a Academia; não receberam denominação derivada de Sócrates porque este, em sua filosofia, nada dizia a respeito. Realmente Aristóteles, apelidado estagirita[38], e Xenócrates Calcedônio, seu companheiro, por seu estudo e pelo singular e quase divino engenho que a natureza havia depositado em Aristóteles, tomando conhecimento desse fim pelo método quase socrático e acadêmico, poliram e levaram a filosofia moral à perfeição, sobretudo Aristóteles. Como Aristóteles começou a discutir filosofia andando de cá para lá, foram chamados – ele e seus companheiros – peripatéticos que equivale a "ambulantes"[39]. Como a perfeição dessa moralidade foi conduzida a termo por Aristóteles, o designativo acadêmicos caiu em desuso e todos aqueles que seguiram essa doutrina foram chamados peripatéticos. Hoje esses dominam o mundo inteiro com sua doutrina que pode ser chamada de opinião quase universal. Por essa razão pode-se constatar que Aristóteles é o centro e guia de todos sob esse signo. Era isto que se pretendia demonstrar.

Resumindo, é evidente que o principal intento, isto é, a autoridade do perfeito filósofo, de que se trata, esteja repleta de todo vigor. E não exclui a autoridade imperial, mas a autoridade imperial sem a filosófica é perigosa, e esta sem aquela é fraca, não por si, mas por

---

(38) Derivado de Stagira, cidade natal dele.
(39) Na verdade, o adjetivo peripatético deriva de Peripato, local do jardim do Liceu de Atenas, onde Aristóteles gostava de ministrar suas lições. Por outro lado, é sabido que Aristóteles e seus discípulos costumavam passear nesse jardim.

causa da desordem do povo, de modo que, ambas juntas, são extremamente úteis e cheias de todo vigor. Por isso está escrito no livro da *Sabedoria*: "Amai a luz da sabedoria, vós todos que governais os povos." Isso é o mesmo que dizer: que se unam a autoridade filosófica e a imperial para governar bem e de modo perfeito.

Oh! Miseráveis que hoje governais! Oh! Miserabilíssimos que sois governados! Porque nenhuma autoridade filosófica se une com vossos governos, nem por próprio empenho nem por conselho, de modo que a todos podem ser dirigidas essas palavras do Eclesiastes: "Ai de ti, terra, cujo rei é criança e cujos príncipes devoram os recursos!" A nenhum país pode-se dizer hoje o que segue: "Feliz da terra cujo rei é nobre e cujos príncipes se alimentam no tempo devido, por necessidade e não por gula!" Prestai atenção a vossos flancos, inimigos de Deus, vós que tomastes as rédeas dos governos da Itália – digo isso a vós, rei Carlos e rei Frederico[40], e a vós, outros príncipes e tiranos – tomai cuidado com quem senta a vosso lado como conselheiro! Contai quantas vezes este fim da vida humana vos foi indicado por vossos conselheiros! Melhor seria para vós voar baixo como as andorinhas do que como o milhafre voar em altíssimas rotas por sobre as coisas extremamente vis.

## Capítulo VII

Como foi visto quanto se deve reverenciar a autoridade imperial e a filosófica, que parecem dar suporte às opiniões apresentadas, convém retornar ao caminho do mencionado desenvolvimento. Afirmo, portanto, que a última opinião do povo durou tanto que, sem exceção alguma, sem questionamento por parte de alguém, nobre é chamado qualquer um que seja filho ou neto de algum homem valente, embora o mesmo valha bem pouco. É isto que a canção diz: *E durou tanto a tão falsa opinião entre nós, que o homem chama nobre aquele que pode dizer: "Eu fui neto, ou filho, desse valente", embora não seja de nada.* Por essa razão pode-se constatar como é negligência extremamente perigosa deixar tomar pé uma opinião errônea. Assim como a erva, ela se

---

[40] Dante se dirige diretamente ao rei Carlos II, o Coxo, rei de Nápoles de 1285 a 1309; e ao rei Frederico II de Aragão, rei da Sicília de 1302 a 1337.

multiplica no campo cultivado e supera e cobre a espiga de trigo, de tal modo que, olhando de longe, o trigo não aparece e, finalmente, perde-se a colheita; assim também a opinião errada, não condenada e corrigida, cresce na mente e se multiplica, de modo que as espigas da razão, ou seja, a opinião verdadeira, se esconda se perca, como que sepultada.

Oh! Como é grande meu trabalho nesta canção para tentar limpar um campo já tão infestado como aquele da opinião geral, há tanto tempo deixado sem essa cultura! Certamente não pretende limpá-lo totalmente, mas somente naquelas partes em que as espigas da razão não estão totalmente sufocadas. Em outras palavras, pretendo guiar aqueles nos quais alguma pequena luz de razão, por seu bom caráter, ainda sobrevive, porquanto dos demais dever-se-ia cuidar como que de animais irracionais, uma vez que não me parece milagre menor reconduzir à razão aquele no qual a luz da razão está totalmente apagada do que reconduzir à vida aquele que por quatro dias está no sepulcro.

Logo que a condição errônea dessa opinião popular é descrita, repentinamente, como se fosse coisa horrível, critico-a fora de qualquer ordem, reprovando-a ao dizer: *Mas extremamente desprezível parece a quem realmente a fita,* para dar a entender sua intolerável maldade, afirmando que esses mentem descaradamente. Por isso é que não é somente vil, isto é, não nobre, aquele que descendendo de bons é mau, mas antes é desprezível; a respeito, dou exemplos ao avançar na descrição. Para mostrar isso, convém colocar uma questão e respondê-la dessa forma.

Uma planície tem uma série de sendas: campos com sebes, com fossos, com pedras, com madeira, com quase todo tipo de obstáculos, fora de suas estreitas sendas. Sobrevindo uma nevada, tudo fica coberto de neve que deixa todo o local idêntico, de modo que não se percebe qualquer vestígio de senda. Chega alguém que, de um lado dos campos cultivados, pretende chegar ao outro lado. Por seu tino, isto é, por capacidade e por observação atenta, guiado somente por si mesmo, segue o caminho certo e chega no local pretendido, deixando as pegadas de seus passos atrás de si. Chega outro depois dele e quer também atravessar esse campo e atingir o mesmo local, sendo que não lhe será necessário senão seguir as pegadas do primeiro; por falha sua, porém, o caminho que o primeiro, sem guia algum soube seguir, este o erra e desvia pelo meio das ameixeiras e das ruínas e não chega ao local onde devia chegar. Qual desses deve ser considerado valente? Respondo: aquele que caminhou na frente. O segundo, como deve ser chamado? Respondo:

extremamente desprezível. Por que não chamá-lo não valente, isto é, vil? Respondo: porque não valente, isto é, vil, deveria ser chamado aquele que, não tendo nenhuma pista, não tivesse caminhado bem; mas como este a teve, seu erro e sua falha não há como desculpá-los e por isso não deve ser chamado vil, mas extremamente desprezível.

Assim aqueles que receberam do pai ou de algum dos antepassados uma pista e erraram o caminho, não são somente vis, mas extremamente desprezíveis, dignos de todo desprezo e vitupério, mais que qualquer outro vilão. Para que o homem se guarde dessa ínfima vileza, no vigésimo capítulo dos *Provérbios*, Salomão ordena àquele que teve um valente ancestral: "Não ultrapassarás os limites que teus pais estabeleceram." Antes, no quarto capítulo do mesmo livro, diz: "O caminho dos justos", isto é, dos valentes, "prossegue como luz esplendorosa, ao passo que aquela dos maus é obscura. Eles não sabem onde serão destruídos."

Finalmente, quando se diz *Chegando ao ponto que, quase morto, continua caminhando,* para maior prejuízo, afirmo que esse tal extremamente desprezível morreu, parecendo vivo. Por isso deve-se saber que se pode dizer realmente morto o homem mau e sobretudo aquele que se afasta do bom caminho do antecessor. E isso pode ser assim demonstrar.

Se, como diz Aristóteles no segundo livro da *Alma*, "viver é o ser dos vivos" e, em decorrência, que viver subsiste de muitas maneiras (como vegetar nas plantas, vegetar, sentir e mover-se nos animais, vegetar, sentir, mover-se e raciocinar ou compreender nos homens) e que as coisas devem ser indicadas em seu melhor aspecto, é evidente que viver nos animais é sentir – refiro-me aos animais irracionais -, viver no homem é usar da razão. Se, portanto, o viver é o ser do homem (e o ser do homem é usar a razão), cessar de raciocinar equivale a cessar de viver, e assim é estar morto. E não se afasta do uso de raciocinar que não pensa na finalidade de sua vida? Não se afasta do uso da razão quem não pensa no caminho que deve seguir? Certamente que sim. Isso se manifesta sobretudo com aquele que tem as pegadas diante dele e não as considera com atenção. Por essa razão é que no quinto capítulo dos *Provérbios* Salomão diz: "Morre aquele que não cresceu em sabedoria e em sua imensa estultícia será enganado." Isso quer dizer: morto é aquele que não se tornou discípulo, que não segue o mestre; e este é desprezível.

Alguém poderia dizer: Como? Morreu e vai? Respondo que morreu (o homem) e restou o animal, porque, como diz o filósofo no segundo livro da *Alma*, as potências da alma estão acima de si mesmo, como a figura do quadrado está acima do triângulo e o pentágono, isto é, a figura que cinco ângulos, está acima do quadrado, assim também a sensitiva está acima da vegetativa e a intelectiva está acima da sensitiva. Logo, como ao tirar o último ângulo do pentágono se torna quadrado e não mais pentágono, assim também ao tirar a última potência da alma, isto é, a razão, não fica mais homem, mas coisa com alma sensitiva somente, isto é, animal irracional. Este é o sentido da segunda estrofe da canção apresentada, na qual constam as opiniões dos outros.

## Capítulo VIII

O mais belo ramo que brota da raiz racional é a discrição porque, como diz Tomás ao escrever no prólogo da *Ética*, "conhecer a disposição de uma realidade para outra realidade diferente é ato próprio da razão", e esta é discrição. Um dos mais belos e doces frutos deste ramo é a reverência que o menor deve ao maior. Por isso Cícero, no primeiro livro de *De Officiis*, falando da beleza que resplandece na honestidade, escreve que a reverência faz parte dela. Assim como esta é beleza da honestidade, assim também seu oposto é desonestidade, falta de honestidade; na nossa linguagem popular, esse oposto costuma ser designado de irreverência ou insolência. Por isso é que o próprio Cícero, no mesmo local, diz: "Não se importar em saber o que os outros pensam, não é somente típico de pessoa arrogante, mas de dissoluta." Isso não quer dizer outra coisa senão que arrogância e dissolução é não conhecer-se a si próprio, que é o princípio e a medida de toda reverência.

Por essa razão, ao querer, com toda reverência tanto ao príncipe quanto ao filósofo, eliminar a maldade da mente de muitos para infundir nela depois a luz da verdade, antes de prosseguir em combater as opiniões apresentadas, mostrarei como, ao combatê-las, não raciocino de modo irreverente contra a majestade imperial nem contra o filósofo. Se em alguma parte de todo este livro me mostrasse irreverente, não haveria nada de pior neste tratado, no qual, ao tratar de nobreza, devo mostrar-me nobre e não vil. Primeiramente mostrarei que não sou presunçoso contra a autoridade do filósofo e, depois, que não o sou contra a majestade imperial.

Afirmo, portanto, que, ao dizer o filósofo "Aquilo que é aceito pela grande maioria, é impossível que seja totalmente falso", não se refere ao parecer externo, isto é, dos sentidos, mas àquele interior, isto é, racional, uma vez que o parecer dos sentidos, segundo a maioria, é muitas vezes totalmente falso, sobretudo nas coisas sensitivas comuns, nas quais o sentido é frequentemente enganado. Por isso sabemos que para a maioria do povo o Sol parece ter o diâmetro de um pé, o que é totalmente falso, porque, segundo a pesquisa e a descoberta que a razão humana realizou com suas outras artes, o diâmetro do corpo do Sol é cinco vezes e meia maior que aquele da Terra, uma vez que o diâmetro da Terra é de seis mil e quinhentas milhas, ao passo que o diâmetro do Sol, que aos sentidos parece ter a medida de um pé, é de trinta e cinco mil e setecentas e cinquenta milhas. Por essa razão, é evidente que Aristóteles não se refere à aparência dos sentidos e, portanto, se eu pretendo combater somente a aparência transmitida pelos sentidos, não combato a intenção do filósofo e, em decorrência, sequer ofendo a reverência que lhe é devida.

Que eu pretenda combater a aparência dos sentidos é evidente, porque aqueles que julgam desse modo, não julgam senão por aquilo que percebem o que dessas coisas a sorte pode dar e tirar. Como notam que os parentescos e os altos matrimônios constroem edifícios admiráveis, conquistam imensas posses, grandes senhorias, acreditam que essas são causas de nobreza, ou melhor, acreditam que a própria nobreza é constituída dessas coisas. Se julgassem com a aparência racional, diriam o contrário, isto é, que a nobreza é causa disso, como mais adiante neste tratado se poderá ver.

Conforme pode ser constatado, não falo contra a reverência devida ao filósofo, recriminando-o; assim também não falo contra a reverência devida ao império e pretendo mostrar a razão disso. Como, no entanto, se fala diante do adversário, o orador deve usar de muita cautela em seu discurso, para que o adversário não colha com isso a oportunidade para desmerecer a verdade, eu, que frente a muitos adversários falo neste tratado, não posso falar superficialmente. Por isso, se minhas digressões forem longas, que ninguém se surpreenda.

Afirmo, portanto, que, para mostrar que não sou irreverente em relação à majestade do império, cumpre verificar antes o que é "reverência". Digo que reverência outra coisa não é senão profissão de sujeição devida por sinal manifesto. Isto posto, convém distinguir entre "irreverente" e "não reverente"; irreverente indica privação e não reverente indica negação. Por isso, a irreverência é não admitir a devida sujeição, por sinal manifesto, e a não reverência é negar a devida sujeição. O homem pode desdizer a coisa de dois modos: primeiro, ofendendo a verdade, quando se recusa a devida confissão e isso é propriamente não admitir; por um segundo modo, o homem pode desdizer não ofendendo a verdade, quando aquilo que não é não se confessa e isso é propriamente "negar", como desdizer que o homem é totalmente mortal é negar, propriamente falando.

Por essa razão, se eu nego a reverência ao império, não sou irreverente, mas sou não reverente, o que não é contra a reverência, desde que não a ofenda, como o não viver não ofende a vida, mas ofende a morte, que é privação daquela. Por isso uma coisa é morte e outra coisa é não viver, porque o não viver está nas pedras. Entretanto, como morte indica privação, que não pode subsistir senão no objeto do hábito, e as pedras não são objeto de vida, por esse motivo não se deve dizer não "morte", mas "não viver". De modo semelhante eu, que neste caso não devo ter reverência ao império, se a desdigo, não sou irreverente, mas não reverente, o que não é insolência nem algo a recriminar. Seria insolência, porém, ser reverente (se reverência pudesse ser), uma vez que se cairia em maior e em verdadeira irreverência, ou seja, da natureza e da verdade, como mais adiante se poderá ver.

Dessa falha se eximiu aquele mestre dos filósofos, Aristóteles, no início da *Ética*, quando diz: "Se houver dois amigos, e um for a verdade, à verdade se deve aderir". Na verdade, porque eu disse que sou não reverente, que é negar a reverência, isto é, negar a devida sujeição por sinal manifesto, cumpre verificar como esse negar não é não admitir, ou seja, verificar como, neste caso, eu não seja devidamente sujeito à majestade imperial. Como o motivo deve ser extenso, pretendo mostrar isso imediatamente num capítulo específico.

## Capítulo IX

Neste caso convém verificar como, isto é, ao reprovar ou aprovar a opinião do imperador, sou obrigado a sujeitar-me a ele, é necessário relembrar o que foi dito, no quarto capítulo deste tratado, sobre a função imperial, ou seja, que foi estabelecida a autoridade imperial para a perfeição da vida humana, que essa autoridade é reguladora e governante de modo justo de todas as nossas ações e que, portanto, por mais que se estendam nossas ações, sobre elas a majestade imperial tem jurisdição e para além desses limites não se amplia.

Como, porém, toda arte e ofício humano é, em certos termos, limitado pelo imperial, assim também este, dentro de certos termos, é limitado por Deus. Não é de admirar porque vemos a arte e ofício da natureza limitados em todas as suas realizações. Se quisermos tomar a natureza universal em sua totalidade, tem tanta jurisdição quanto a extensão do mundo inteiro, referindo-me ao céu e à terra; e este está dentro de certos limites, como o provam o terceiro livro da *Física* e o primeiro livro de *De Celo et Mundo*. A jurisdição da natureza universal é em certos termos limitada – e por conseguinte a parcial; dessa é também limitador aquele que não é limitado por nada, isto é, a primeira bondade, que é Deus, e que por si só com a infinita capacidade compreende o infinito.

Para verificar os limites de nossas ações, convém saber que somente são nossas aquelas ações que se submetem à razão e à vontade, porque, se em nós subsiste a ação digestiva, esta não é humana, mas natural. Cumpre salientar que nossa razão está ordenada para quatro maneiras de agir que devem ser consideradas de modo diverso: há ações que ela somente considera e não faz, nem pode fazer, como são as coisas naturais e sobrenaturais e as matemáticas; há ações que ela considera e faz em seu próprio ato, que são chamadas racionais, como a arte de falar; há ações que ela considera e faz externamente, como são as artes mecânicas. Todas essas ações, embora sua consideração esteja sujeita à nossa vontade, por si mesmas elas não se submetem à nossa vontade, porque, mesmo que quiséssemos que as coisas pesadas por natureza subissem, mesmo que quiséssemos que o silogismo baseado em falsas premissas demonstrasse a verdade e mesmo que quiséssemos que a casa estivesse assentada firmemente e não pendesse, todas essas coisas não poderiam acontecer, porquanto não somos criadores dessas coisas, mas descobridores. Foi outro que as ordenou e foi o maior fautor delas.

Há também ações que nossa razão considera no ato da vontade, como ofender e ser útil, como ficar firme e fugir da batalha, como permanecer casto e entregar-se à luxúria, e estas estão totalmente sujeitas à nossa vontade. Por causa delas somos classificados como bons e maus porque realmente elas são de todo nossas, uma vez que, quanto nossa vontade pode obter, tanto nossas ações cobrem todo o campo de possibilidades.

Uma vez que em todas essas ações voluntárias há alguma retidão a conservar e iniquidade a fugir (essa retidão pode ser perdida por dois motivos, por não saber qual seria ou por não querer segui-la), foi estabelecida a lei escrita, tanto para mostrá-la quanto para ordená-la. Por isso Agostinho diz: "Se esta – isto é, retidão – os homens a conhecessem e, conhecendo-a, a observassem, não haveria necessidade da lei escrita." E por isso está escrito no início do antigo *Digesto*: "A lei escrita é arte do bem e da justiça."

Para escrever, publicar e ordenar esta lei, existe esse cargo oficial de que se fala, isto é, o imperador, ao qual estamos sujeitos tanto quanto são abrangentes nossas ações de que somos responsáveis e, mais que isso, não. Por essa razão, em toda arte e em todo ofício os artífices e seus auxiliares estão sujeitos, e devem estar, ao príncipe e ao mestre, naqueles ofícios e naquelas artes; fora disso, a sujeição termina, uma vez que o comando hierárquico não subsiste. Poder-se-ia até dizer do imperador, querendo mostrar seu cargo com uma comparação, que ele é o cavaleiro da vontade humana. Como esse cavalo ande pelos campos sem cavaleiro é de todo evidente sobretudo na infeliz Itália que ficou entregue a si mesma, sem qualquer meio que possa sustentá-la!

Deve-se considerar que, quanto mais a coisa é própria da arte ou do mestre, tanto maior é nela a sujeição, porque, multiplicando-se a causa, multiplica-se o efeito. Por isso convém saber que há coisas que são arte tão pura, que a própria natureza é instrumento dessa arte, como navegar com remos, em que a arte faz da impulsão seu instrumento, que é movimento natural; como ao trilhar o trigo, em que a arte faz do calor seu instrumento, que é qualidade natural. Sobretudo nessas deve-se estar sujeito ao príncipe e mestre.

Há coisas em que a arte é instrumento da natureza. Essas são menos arte e nelas os artífices estão menos sujeitos a seu príncipe, como no caso de semear a terra (aqui se considera a vontade da natureza), como no caso de sair do porto (aqui se considera a disposição natural do tempo). Entretanto, observamos muitas vezes discordância nessas coisas entre os artífices e vemos o superior pedir conselho ao inferior.

Há outras coisas que não fazem parte da arte, mas parecem ter com ela alguma afinidade e, por causa disso, muitas vezes os homens se enganam. Nessas, os discípulos não estão sujeitos ao artífice ou mestre, nem são obrigados a nele acreditar nessa arte, como pescar parece ter afinidade com o navegar e como conhecer as qualidades das ervas parece ter afinidade com a agricultura. Realmente não possuem nenhuma regra em comum, uma vez que pescar se inclui na arte da caça e em suas normas, enquanto que conhecer as qualidades das ervas se inclui no domínio da medicina ou sob doutrina mais nobre.

De modo semelhante, essas coisas, que são regidas por outras artes, podem ser vistas na arte imperial, porque nesta há normas que são também artes, como as leis dos matrimônios, dos servos, das milícias, das sucessões em dignidade; nessas, estamos totalmente sujeitos ao imperador, sem dúvida e sem reserva alguma. Há outras leis que subsistem praticamente na própria natureza, como constituir o homem de idade suficiente para governar-se; nessas não estamos totalmente sujeitos.

Há muitas outras que parecem ter alguma afinidade com a arte imperial – e aqui foi enganada e ainda o é quem acredita que nessa parte a sentença imperial seja autêntica – como definir juventude e gentileza, sobre as quais nenhum juízo imperial deve ser admitido, mesmo sendo ele imperador, mas o que é de Deus seja dado a Deus. Por isso não se deve acreditar nem admitir o que o imperador Nero disse, isto é, que juventude era beleza e força do corpo, mas acreditar naquele, que seria filósofo, que dissesse que juventude é auge da vida natural. É evidente, portanto, que definir gentileza não faz parte da arte imperial e, se não faz parte dela, tratando-se dela, a ele não estamos sujeitos. Se não estamos sujeitos, não somos obrigados nisso a reverenciá-lo.

Era isto que procurávamos. Por essa razão, pois, com toda a permissão e com toda a franqueza de ânimo convém ferir no peito as opiniões correntes, derrubando-as por terra, para que a verdade, por esta minha vitória, domine o campo da mente daqueles em favor dos quais esta luz ajuda a ter vigor.

## Capítulo X

Uma vez que foram descritas as opiniões dos outros sobre a nobreza e que me é lícito refutá-las, passarei a comentar aquela parte do texto em que me proponho a rejeitá-las, parte que inicia, como transcrito anteriormente: *Quem define: "O homem é madeira animada"*. Entretanto, convém ressaltar que a opinião do imperador – embora a exponha de modo incompleto – numa pequena parte, ou seja, quando menciona os *bons costumes*, referiu-se aos costumes da nobreza; essa parte não há porque rejeitar. A outra pequena parte, que de modo algum se relaciona com a natureza da nobreza, essa deve ser rejeitada, porquanto parece indicar duas coisas quando fala de *antiga riqueza*, isto é, tempo e riquezas, coisas que são totalmente diferentes de nobreza, como já foi dito e como se voltará a demonstrar.

Ao refutar esse conceito, procede-se em duas partes. Refuta-se que a causa da nobreza seja primeiramente a riqueza e, em segundo lugar, que seja o tempo. A segunda parte começa com a frase: *Nem aceitam que homem humilde se torne nobre*. Cumpre salientar que, ao refutar as riquezas como causa de nobreza, refuta-se não somente a opinião do imperador no tocante às riquezas, mas também aquela do povo que se baseava total e unicamente nas riquezas. A primeira parte se divide em duas: uma em que se afirma genericamente que o imperador se equivocou em sua definição de nobreza; a outra em que se mostra a razão disso e esta parte começa assim: *Porque as riquezas, como se acredita*.

Afirmo, pois, que *Quem define: "O homem é madeira animada", em primeiro lugar diz algo não verdadeiro*, isto é, falso, porquanto diz "madeira"; e não *fala de modo completo*, isto é, de modo incompleto, porquanto diz "animado", em vez de dizer "racional", que é a diferença pela qual o homem se distingue do animal. Continuo dizendo depois que esse modo de definir foi um erro da parte daquele que detém o poder; não digo "imperador", mas "aquele que detém o poder", para mostrar (como foi dito antes) que a definição dessa coisa foge das funções imperiais. A seguir afirmo de igual modo que ele erra ao colocar sujeito falso da nobreza, isto é "antiga riqueza", procedendo depois com "forma defeituosa" ou diferença, isto é, "belos costumes", que não compreendem toda formalidade de nobreza, mas somente parte muito diminuta, como será mostrado mais adiante.

Não se deve deixar de considerar, mesmo que o texto cale, que o senhor imperador nesse aspecto não errou somente nas partes da definição, mas também na maneira de definir, embora ele fosse, de acordo com a fama que se propala, homem de grande inteligência e de vasta cultura. De fato, a definição da nobreza seria extraída mais condignamente dos efeitos do que dos princípios, embora pareça ter razão de princípio, porquanto a nobreza deriva de alguma coisa e não a precede.

Depois, quando escrevo *Porque as riquezas, como se acredita*, mostro como elas não podem ser causa de nobreza porquanto são vis. Mostro também que elas não a podem tirar porque estão muito distantes da nobreza. Provo que são vis por meio de um grande defeito que têm e que é de todo manifesto e o faço quando digo: *Que sejam vis é evidente*.

Finalmente, concluo dizendo, em virtude do que foi exposto antes, que o ânimo reto não muda pela volubilidade delas, o que se constitui em prova do que foi afirmado antes, ou seja, que as riquezas estão separadas da nobreza porquanto não seguem o efeito da conjunção. Por isso se deve saber que, como o quer o filósofo, todas as coisas que geram alguma coisa, convém antes que aquelas subsistam de modo perfeito no ser. Por essa razão o filósofo diz no livro sétimo da Metafísica: "Quando uma coisa é gerada por outra, é gerada por aquela que subsiste naquele ser". Além disso, cumpre saber que toda coisa, que se corrompe, corrompe-se mediante alguma alteração precedente e toda coisa que é alterada deve estar ligada com a alteração, come escreve o filósofo no sétimo livro da Física e no primeiro de *De Generatione*.

Estabelecido isto, procedo dizendo que as riquezas, como o outro acreditava, não podem conferir nobreza. E para mostrar a grande distância que as separa, afirmo que as riquezas não podem tirá-la de quem a possui. Além do mais, não podem conferi-la, uma vez que são naturalmente vis e, por causa de sua vileza, são contrárias à nobreza. Por vileza entende-se aqui degeneração, a qual se opõe à nobreza, uma vez que um contrário não é fautor do outro, nem pode sê-lo, em vista da mencionada razão que é acrescida brevemente ao texto, dizendo: *Pois quem pinta uma imagem (Se não pode ser ela, não pode realizá-la)*. Por isso nenhum pintor poderia realizar imagem alguma, se não a construísse antes em sua mente tal qual devesse ser. Além disso, não a podem tirar porque estão distantes da nobreza e também pela razão mencionada que aquele que altera ou corrompe alguma coisa deve estar ligado com ela. Por esse motivo acrescenta-se: *Nem a torre bem erigida pode desviar um rio que distante corre*. Isso não quer dizer outra coisa senão responder ao que foi dito antes, isto é, que as riquezas não podem tirar a nobreza, como que comparando a nobreza à torre ereta e as riquezas, ao rio que corre distante.

## Capítulo XI

Já não resta senão provar como as riquezas são vis e como estão separadas e distantes da nobreza. Isso pode ser provado por duas pequenas partes do texto que ora merecem especial atenção. Depois de analisadas, ficará evidente o que afirmei, isto é, que as riquezas são vis e distantes da nobreza. E com isso, as razões apresentadas anteriormente contra as riquezas estarão perfeitamente provadas. Por isso afirmo: *Que sejam vis e imperfeitas, é evidente*.

Para explicar o que se pretende dizer, cumpre saber que a vileza de cada coisa deriva da imperfeição dessa coisa e, de igual modo, a nobreza deriva da perfeição. Por isso mesmo, se a coisa é perfeita, igualmente é nobre em sua natureza; se é imperfeita, é igualmente vil. Se, portanto, as riquezas são imperfeitas, é evidente que sejam vis. Que sejam imperfeitas, facilmente é provado pelo texto, quando diz: *Porque, por mais que delas se acumule, não dão paz, mas geram mais preocupações*. Nisso transparece não somente a imperfeição delas, mas também que sua condição é de todo imperfeita e, portanto, são extremamente vis. Lucano testemunha isso quando, ao falar delas, diz: "Sem distinção pereceram as leis e vós, riquezas, parte extremamente vil das coisas, movestes guerra."

Pode-se facilmente e de modo transparente verificar sua imperfeição em três coisas: primeiro, em sua ocorrência sem medida; segundo, em seu perigoso aumento; terceiro, em sua danosa posse. Antes de demonstrar isso, convém esclarecer uma dúvida que parece manifestar-se com elas. Explicando, uma vez que o ouro, as pedras preciosas e os campos têm em seu ser forma e ato perfeitos, não condiz com a verdade dizer que sejam imperfeitos. Por isso cumpre saber que, quando considerados em si são coisas perfeitas e não são riquezas, mas ouro e pedras preciosas; mas quando são destinadas à posse do homem são riquezas e, desse modo, tornam-se repletas de imperfeição, porquanto não é absurdo que uma coisa, sob aspectos diversas, seja perfeita e imperfeita.

Afirmo que sua imperfeição pode ser constatada em primeiro lugar em sua ocorrência sem medida, na qual não resplende qualquer justiça distributiva, mas quase sempre toda a sua iniquidade, iniquidade que é o próprio efeito da imperfeição. De fato, se forem consideradas as maneiras pelas quais elas são acumuladas, todas essas maneiras podem ser reduzidas a três tipos: ou são acumuladas por puro acaso, como ocorre quando, sem intenção ou esperança, são resultantes de um achado fortuito; ou são acumuladas por um acaso corroborado pela razão, como ocorre com os testamentos ou mútua sucessão; ou são acumuladas por acaso com a intervenção da razão, como ocorre quando intervêm ganhos obtidos de modo lícito ou ilícito. Entendo como lícito quando é resultante de arte ou de comércio ou de serviço meritório. Entendo como ilícito quando é resultante de furto ou rapina. Em cada uma dessas três maneiras pode ser observada aquela iniquidade que mencionei, porque na maioria das vezes as riquezas ocultas que são encontradas ou descobertas são oferecidas muito mais aos maus do que aos bons. E isso é tão evidente que não necessita de prova. Na verdade, eu vi o local, nas encostas de um monte chamado Falterona, na Toscana, onde o mais humilde camponês de toda a região, ao capinar, encontrou mais de um alqueire de moedas de finíssima prata, as quais o haviam esperado talvez por mais de dois mil anos.

Ao observar essa iniquidade, Aristóteles disse que "quanto mais o homem se submete ao intelecto, tanto menos se submete ao acaso". Afirmo que mais vezes aos maus do que aos bons são destinadas as heranças, com ou sem cláusulas. Sobre isso não quero trazer nenhum testemunho, mas basta que cada um volva os olhos em torno de si para constatar aquilo que eu calo, a fim de não aborrecer ninguém. Teria sido assim do agrado de Deus que aquilo que o Provençal[41] escreveu se tivesse realmente verificado, ou seja, que aquele que não é herdeiro da bondade devesse perder a herança dos bens!

Afirmo também que os ganhos ocorrem na maioria das vezes em favor dos maus do que em favor dos bons, porque os não lícitos não se destinam jamais aos bons, uma vez que os recusam. Qual seria o homem bom que tentaria auferir ganhos por violência ou por fraude? Isso seria impossível, porquanto pela simples escolha de negócio ilícito, bom já não seria mais. E os lícitos raras vezes chegam aos bons porque, a partir do momento em que nisso é exigido muito empenho e uma vez que o empenho do bom está direcionado para coisas maiores, raras vezes o bom se empenha nisso de modo suficiente. Por essa razão é evidente que em qualquer caso essas riquezas são acumuladas de modo iníquo. Por isso Nosso Senhor as chamou de iníquas quando disse: "Granjeai amigos com o dinheiro da iniquidade", convidando e exortando os homens à liberalidade de benefícios que são geradores de amigos.

E que bela troca faz aquele que dá essas coisas imperfeitíssimas para ter e adquirir coisas perfeitas, como os corações dos homens valorosos! A troca pode ser feita todo dia. Certamente essa é mercadoria bem diversa das outras porque, acreditando comprar um homem por meio de benefícios, milhares deles são comprados. E quem não se recorda ainda de Alexandre por seus benefícios régios? Quem não se lembra ainda do bom rei de Castela, ou de Saladino, ou do bom Marques de Monferrato, ou do bom Conde de Toulouse, ou de Beltramo

---

(41) Não se sabe a quem Dante se refere; talvez ao trovador provençal Giraut de Borneil.

dal Bornio, ou de Galasso de Montefeltro⁽⁴²⁾? Quando suas ações são relembradas, com certeza não somente aqueles que fariam o mesmo de boa vontade, mas também aqueles que prefeririam morrer do fazer isso reverenciam com admiração a memória deles.

## Capítulo XII

Como foi dito, a imperfeição das riquezas pode residir não somente em sua ocorrência, mas também em seu perigoso aumento. Uma vez que nisso mais claramente pode ser constatado seu defeito, somente dele o texto faz menção, ao dizer *por mais que delas se acumule*, não somente não dão sossego, mas dão mais sede e tornam o homem sempre mais ávido e ganancioso. Cumpre saber aqui que as coisas defeituosas podem apresentar seus defeitos de diversas maneiras que na aparência não se manifestam, mas que sua imperfeição se esconde sob a capa da perfeição. Pode haver aqueles que são de todo descobertos, de tal modo que sua imperfeição é reconhecida em sua própria aparência. E aquelas coisas que não mostram claramente seus defeitos são mais perigosas porque muitas vezes não há como defender-se delas, como ocorre com o traidor que na aparência se mostra amigo, de modo que nele se possa confiar, mas que sob o pretexto de amizade esconde o defeito da inimizade.

Desse modo as riquezas em seu aumento são perigosamente imperfeitas porque, anulando o que prometem, trazem o contrário. As falsas traidoras prometem sempre, ao serem acumuladas em certa quantidade, tornar aquele que as acumula repleto de satisfação e, por meio dessa promessa, conduzem a vontade humana ao vício da avareza. Por essa razão, Boécio as chama de perigosas, em seu livro *De Consolatione*, ao dizer: "Ai! Quem foi aquele que os pesos do ouro escondido e as pedras que queriam se ocultar, preciosos perigos, por primeiro escavou?"

Observando com atenção, as falsas traidoras prometem eliminar toda sede e toda necessidade e trazer toda saciedade e fartura. Assim se comportam no início com cada homem e até certo ponto de seu

---
(42) Personalidades da história antiga (só Alexandre da Macedônia) e medieval: rei de Castela, talvez se refira a Alfonso VIII (1155-1214) que ascendeu ao trono aos três anos de idade; Saladino, Salah ad-Din em árabe, o grande sultão do Egito e da Síria (1138-1193); talvez Bonifacio I degli Aleramici (1150-1207), Marquês de Monferrato; talvez Raymond V (1148-1194), Conde de Toulouse; Bertran de Born, célebre trovador do século XII; Galasso de Montefeltro, político contemporâneo de Dante, falecido em 1300.

aumento parecem manter sua promessa. Depois que são acumuladas, no entanto, em vez de saciedade e sossego, dão e trazem no íntimo sede febril intolerável; e em vez de fartura, fixam novas metas, isto é, maior quantidade desejada e, com esta, grande medo e preocupação com sua aquisição, de tal modo que não dão sossego, mas trazem maiores preocupações, coisas que sem elas não subsistiam.

Por isso Cícero, no livro *De Paradoxo*, abominando as riquezas, escreve: "Em tempo algum afirmei de modo explícito enumerar entre as coisas boas e desejáveis o dinheiro deles, nem as magníficas mansões, nem as riquezas, nem as propriedades, nem os prazeres de que são sufocados por causa delas, uma vez que eu via claramente que os homens imersos na abundância dessas coisas desejavam ansiosamente aquelas dos outros, porquanto jamais a sede da cobiça se satisfaz e se sacia. Além do mais, não se atormentam somente pelo desejo de aumentar aquelas coisas que possuem, mas também se atormentam com o receio de perdê-las." Estas são palavras de Cícero, constantes no livro mencionado.

Para comprovar de maneira mais clara essa imperfeição, transcrevo aquilo que Boécio diz no livro *De Consolatione*: "Por mais areia que revolva o mar encapelado pelos ventos, por mais que as estrelas reluzam, por mais que a deusa da riqueza fosse pródiga, o gênero humano não cessará de chorar." Como, para provar isso, não há necessidade de mais testemunhas, deixe-se de lado o que contra elas grita Salomão e seu pai, o que contra elas diz Sêneca, especialmente ao escrever a Lucílio, o que Horácio, o que Juvenal e, resumindo, o que expressa todo escritor, todo poeta; além disso, o que a verdadeira Escritura divina clama contra essas falsas meretrizes, repletas de todos os defeitos. Para ter certeza absoluta, convém prestar atenção também na vida daqueles que correm atrás delas, como vivem em segurança quando as acumularam, como se satisfazem, como vivem em sossego!

Que outra coisa cotidianamente ameaça e mata as cidades, os povoados, as pessoas, tanto quanto o novo acúmulo de bens por parte de alguém? Esse acúmulo revela novos desejos, para a realização dos quais não se pode chegar sem prejudicar alguém. Que outra coisa pretendem regulamentar os dois Direitos, o Canônico e o Civil, senão em reprimir a cobiça que cresce ao acumular riquezas? Certamente ambos os Direitos o manifestam claramente, se forem lidos seus princípios expressos em seus textos. Oh! Como é evidente, melhor, extremamente evidente, que, enquanto as riquezas são acumuladas, são de todo imperfeitas, uma vez que, ao serem recolhidas, delas não pode resultar outra coisa senão imperfeição! Precisamente isto é o que o texto exprime.

Na realidade, aqui surge uma questão duvidosa. Não convém prosseguir, antes de colocá-la e respondê-la. Algum caluniador poderia dizer da verdade que, se ao crescer o desejo de adquirir, as riquezas são imperfeitas e portanto vis, pela mesma razão é imperfeita e vil a ciência que, na ânsia de adquiri-la, o desejo não cessa de aumentar. Por isso Sêneca diz: "Se tivesse um dos pés no túmulo, ainda gostaria de continuar aprendendo." Mas não é verdade que a ciência seja vil por imperfeição; portanto, com a destruição do consequente, o aumento do desejo não é causa de vileza para as riquezas. Que a ciência seja perfeita, o filósofo o demonstra com evidência no sexto livro da Ética, ao dizer que a ciência é a causa perfeita de certas coisas.

Cumpre responder a esta questão, ainda que de modo breve. Antes, contudo, convém verificar se, na aquisição da ciência, o desejo se estende como é posto na questão e se ocorre com razão. A respeito disso, afirmo que não somente na aquisição da ciência e das riquezas, mas em qualquer aquisição o desejo humano se estende, embora de maneiras bastante diversas. A razão é que o supremo desejo de cada coisa, conferido antes pela própria natureza, é retornar a seu princípio. Uma vez que Deus é princípio de nossas almas e criador daquelas semelhantes a si próprio (como está escrito: "Façamos o homem à nossa imagem e semelhança"), a própria alma deseja de modo extremo retornar a ele. Assim como o peregrino que segue por uma estrada que jamais percorreu e que cada casa que de longe vislumbra acredita que possa ser a hospedaria e, ao chegar, vê que não é, dirige sua esperança na seguinte e assim de casa em casa, até chegar à hospedaria; assim também nossa alma, logo que entra no novo e jamais percorrido caminho desta vida, dirige seus olhos para o objetivo de seu supremo bem e, por isso, ao ver qualquer coisa que pareça conter em si algum bem, acredita que seja o próprio supremo bem.

Como seu conhecimento é primeiramente imperfeito, por não ter sido despertado nem educado, pequenos bens lhe parecem grandes e, por isso, começa em primeiro lugar por desejar esses. Por esse motivo vemos os pequenos desejar com ânsia uma maçã; depois, prosseguindo, desejar um passarinho; depois, mais adiante, desejar um belo traje; depois, o cavalo; depois, uma mulher; depois, uma riqueza não muito grande, depois grande e depois, maior ainda. Isso acontece porque em nenhuma dessas coisas encontra aquela que está procurando e acredita encontrá-la mais adiante.

Desse modo pode-se constatar que algo desejável está antes de outro aos olhos de nossa alma, de uma maneira quase piramidal, em que o mínimo primeiramente os cobre a todos e é como a ponta do último desejável, que é Deus, como base de todos. Por isso é que, quanto mais se prossegue da ponta em direção à base, maiores aparecem os bens desejáveis. Esta é a razão pela qual, ao adquiri-los, os desejos humanos se ampliam sempre mais, um após o outro.

Na verdade, esse caminho pode assim ser perdido por erro como as estradas da terra. Exemplificando, assim como de uma cidade a outra existe necessariamente uma estrada ótima e reta e existe outra que dela sempre mais se afasta (isto é, aquela que vai em sentido contrário), e muitas outras que se afastam menos e que menos se aproximam, assim também na vida humana há muitos caminhos, entre os quais um é o único verdadeiro e o outro é o totalmente errado, além de outros que são menos errados e outros que são menos verdadeiros. Assim como observamos que aquele que corre direto para a cidade realiza o desejo e confere repouso depois da fadiga e aquele que corre ao contrário não o realiza jamais e jamais poderá dar repouso, assim também acontece em nossa vida: o bom caminhante chega a termo e repousa; o caminhante que erra não o alcança jamais, mas com extrema fadiga de seu ânimo continua sempre a olhar mais adiante com olhos ansiosos. Por isso, embora esta razão não responda totalmente à questão posta anteriormente, pelo menos abre o caminho para a resposta, porque demonstra que todos os nossos desejos não se intensificam de um só modo. Como este capítulo é bastante longo, convém responder à questão em novo capítulo, no qual seja levada a termo toda a discussão que ora se pretende expor contra as riquezas.

## Capítulo XIII

Respondendo à questão, afirmo que não se pode propriamente dizer que o desejo da ciência aumenta, embora, como foi dito, se dilate de diversas maneiras. Isso porque aquilo que propriamente aumenta é sempre um só; o desejo da ciência não é sempre único, mas é muitos e, terminado um, sucede-lhe outro, de modo que, propriamente falando, seu dilatar não é aumentar, mas sucessão de pequena coisa em grande coisa. Por exemplo, se eu desejo conhecer os princípios das coisas naturais, logo que os tiver conhecido, este desejo está realizado e completo. Se depois desejo saber o que é e como é cada um desses princípios, este é um desejo novo e diverso, e pela ocorrência deste não me é tirada a perfeição a que o outro me conduziu. Esta ampliação não é causa de imperfeição, mas de perfeição maior.

No caso da riqueza é propriamente aumentar, porque é sempre e somente o mesmo, de modo que aqui não se constata nenhuma sucessão, nem em relação a qualquer termo, nem em relação a qualquer perfeição. Se o adversário interpela dizendo que um é o desejo de conhecer os princípios das coisas naturais e outro é o de saber o que eles são, assim como um é o desejo das cem marcas e outro é aquele das mil marcas, respondo que não é verdade, porquanto, o cento é parte do mil e está ordenado a este como parte de uma linha para toda a linha, pela qual se prossegue por um movimento único, não subsistindo aqui sucessão alguma nem perfeição de movimento em parte alguma. Conhecer, porém, quais são os princípios das coisas naturais e conhecer o que é cada um deles, não é parte um do outro e estão ordenados juntos como diversas linhas, pelas quais não se prossegue por um único movimento, mas, concluído o movimento de uma, sucede-lhe o movimento da outra. Evidencia-se, portanto, que a ciência não pode ser classificada como imperfeita pelo desejo da ciência, como se deve dizer das riquezas pelo desejo delas, tal como a questão propunha, porque no desejo da ciência os desejos terminam sucessivamente e chega-se à perfeição, o que não ocorre com a riqueza. Desse modo resolvida está a questão e não tem razão de ser.

O adversário pode muito bem ainda caluniar, dizendo que, embora muitos desejos se realizem na aquisição da ciência, nunca se chega ao último, o que é semelhante à imperfeição daquilo que não se conclui e que é sempre o mesmo. Aqui também se responde que não é verdadeiro o que se opõe, isto é, que nunca se atinge o último, porque nossos desejos naturais, como foi mostrado antes no terceiro tratado, visam uma meta precisa. E aquele da ciência é natural, de modo que realiza determinado objetivo, embora poucos, por seguir caminhos errôneos, cheguem ao termo da jornada.

Quem compreende o comentário do terceiro livro da *Alma*, compreende bem isso. Por essa razão Aristóteles, no décimo livro da *Ética*, ao polemizar com Simônides, diz que "o homem deve elevar-se para as coisas divinas tanto quanto possível", mostrando que nossa aspiração tende a determinado fim. No primeiro livro da *Ética* afirma que "o disciplinado procura ter certeza nas coisas, de acordo com a certeza que subsiste na natureza delas", mostrando que não somente da parte do homem desejoso se deve esperar um fim, mas também da parte do cognoscível desejado. Por isso Paulo diz: "Não saber mais do que é necessário saber, mas saber com sobriedade." Assim, de qualquer maneira que se tomar o desejo da ciência, de modo geral ou específico, chega-se à perfeição. Por isso a ciência tem perfeita e nobre perfeição e pelo desejo dela sua perfeição não é perdida, como as malditas riquezas.

Como as riquezas são danosas em sua posse, que é a terceira característica de sua imperfeição, pode ser mostrado de maneira breve. Pode-se constatar que a posse delas é danosa por duas razões: uma, porque é causa de mal; a outra, porque é privação de bem. É causa de mal porque, somente ao vigiar, torna o possuidor pálido e ansioso. Quanto medo o daquele que carrega consigo riqueza ao viajar, ao se hospedar, não somente quando desperto mas dormindo, medo não somente de perder os bens, mas por causa deles, a vida! Bem o sabem os infelizes mercadores que vagam pelo mundo que as folhas levadas pelo vento os fazem tremer quando carregam consigo riquezas; e quando estão sem elas, seguem pela estrada seguros de si, cantando e assobiando, tornando a caminhada mais leve. Por isso o sábio diz: "Se um caminhante andasse pela estrada sem nada, diante dos ladrões haveria de cantar." A isso se refere Lucano no quinto livro quando recomenda a pobreza segura: "Oh! Segura faculdade da pobre vida! Oh! Estreitos habitáculos e ruínas! Oh! Não ainda compreendidas riquezas dos deuses! A quais templos ou a quais muralhas podia isso acontecer, isto é, não temer algum tumulto, ao bater da mão de César?" Lucano diz isso quando relata como César, durante a noite, chegou à pequena casa do pescador Amiclas para atravessar o mar Adriático. Quanto é o ódio que todos têm pelo possuidor da riqueza, seja por inveja, seja pelo desejo de apoderar-se dela! Tanto isso é verdade que muitas vezes, contra a devida afeição, o filho arquiteta a morte do pai. A respeito disso, extremamente grandes e evidentes experiências têm os latinos, tanto aqueles das margens do Pó, quanto aqueles das margens do Tibre! Por isso, no segundo livro da *De Consolatione* Boécio diz: "Sem dúvida alguma, a avareza torna os homens odiosos."

Também a posse delas é privação de bem porque, ao possuí-las, não há magnanimidade, que é virtude, na qual subsiste perfeito bem e que torna os homens esplêndidos e amados. Isso não pode ocorrer ao possuí-las, mas somente ao deixar de possuí-las. Por isso Boécio diz no mesmo livro: "O dinheiro é bom quando, ao ser transferido a outros por magnanimidade, não se tem mais a posse dele." Ante o exposto, é bastante evidente a vileza das riquezas, sobretudo por suas características. Por essa razão o homem de anseios sóbrios e de verdadeiro conhecimento jamais as ama e, ao não amá-las, não se une a elas, mas prefere estar sempre distante das mesmas, a menos que estejam dispostas para determinadas necessidades. É coisa razoável, portanto, que o perfeito não possa se unir ao imperfeito. Por esse motivo observamos que a linha torta não se conecta jamais com a linha reta e, se houver alguma ligação, não se verifica de linha para linha, mas de ponto a ponto. Disso decorre que o ânimo, que é *correto*, isto é, de desejo, e *verdadeiro*, isto é, de conhecimento, por sua perda não se desfaz, como o texto propõe no final desta parte. O texto pretende provar, para esse efeito, que as riquezas representam um rio que corre distante da correta torre da razão, ou seja, da nobreza. Por essa razão, as próprias riquezas não podem tirar a nobreza de quem a possui. Desse modo são questionadas e condenadas as riquezas na presente canção.

## Capítulo XIV

Condenado o erro de outrem, como consta naquela parte que se apoiava nas riquezas, infere-se que deva ser condenada aquela parte que afirma que o tempo é causa de nobreza, ao dizer *antiga riqueza*. Esta condenação é feita naquela parte que começa: *Nem aceitam que homem humilde se torne nobre*. Condena-se isso primeiramente por uma razão que leva os mesmos a errar desse modo; e depois, para maior confusão deles, também essa razão é destruída. Isso é feito quando se diz: *Disso se segue também o que antes propus*. Por fim, comprova-se que seu erro é evidente, sendo já tempo de acatar a verdade, o que consta nessa parte do texto: *Porque para intelectos sadios*.

Afirmo, portanto: *Nem aceitam que homem humilde se torne nobre*. Cumpre saber que é opinião desses que jamais possa ser classificado como nobre homem que antes foi humilde, nem possa ser dito de modo semelhante nobre o homem que for filho de homem humilde. Isso aniquila sua própria sentença, porquanto dizem que para a nobreza é requerido tempo, acrescentando o vocábulo "antigo". Entretanto, é impossível pela sucessão do tempo chegar à geração de nobreza por essa razão defendida por eles, uma vez que a mesma elimina a possibilidade de homem humilde vir a ser nobre por mérito próprio ou por alguma eventualidade, como elimina também a modificação de pai humilde em filho nobre. Isso porque se o filho do cidadão humilde é também humilde e o filho é também filho de cidadão humilde, como também o filho deste, e assim sucessivamente, jamais se haverá de encontrar o momento em que começou a nobreza através dos tempos. Se os adversários, querendo defender-se, disserem que a nobreza começa no tempo em que não houver mais informações sobre a condição humilde dos ancestrais, respondo que isso depõe contra eles próprios, porquanto subsistirá aí necessariamente a modificação de condição humilde em nobreza, de um homem em outro ou de pai para filho, o que é contra o que eles próprios propõem.

 Se o adversário se defendesse com pertinácia dizendo que essa modificação pode muito bem ocorrer quando a condição humilde dos ancestrais cai no esquecimento, embora o texto não trate disso, a questão é digna de resposta. Respondo que daquilo que afirmam seguem-se quatro grandes inconvenientes, de modo que não pode ser boa razão. O primeiro é que, quanto melhor fosse a natureza humana, tanto mais difícil e mais tardia haveria de ser a geração de nobreza, o que é grande inconveniente, uma vez que, como foi observado, quanto melhor for a coisa, tanto mais é causa de bem; e a nobreza é classificada como um bem. Isso se prova da seguinte maneira. Se a gentileza ou a nobreza, entendo-as como uma só e mesma coisa, fosse gerada por esquecimento, a nobreza seria melhor gerada enquanto os homens estivessem privados de memória. Quanto mais desmemoriados, portanto, fossem os homens, mais cedo se tornariam nobres e, ao contrário, quanto mais fossem adornados de boa memória, tanto mais tarde se haveriam de tornar nobres.

 O segundo é que em nenhuma coisa, excetuando-se os homens, se poderia fazer esta distinção, ou seja, nobre ou inferior. De fato, isso é muito desagradável, ainda que em cada espécie de coisas vejamos a imagem da nobreza e da inferioridade, porquanto muitas vezes dizemos um cavalo nobre e um cavalo inferior, um falcão nobre e outro inferior, uma pedra preciosa nobre e outra inferior. Prova-se da seguinte maneira que tal distinção não conviria fazer. Se o esquecimento dos ancestrais humildes é causa de nobreza e desde que condição humilde de ancestrais jamais houve, não pode haver esquecimento deles, uma vez que esquecimento é corrupção de memória; além do mais, nesses animais, plantas e minérios não se observam condição inferior e superior (porquanto foram criados num só e idêntico estado), não subsistindo neles portanto geração de nobreza e igualmente nem de inferioridade, porquanto uma e outra são vistas como presença e privação possíveis num mesmo sujeito. Por essa razão, não poderia haver distinção neles entre uma e outra. Se o adversário dissesse que nas outras coisas por nobreza se entende a bondade da coisa, mas nos homens está ligada à ausência de memória de sua baixa condição, não se deveria responder a tamanha bestialidade com palavras mas com a espada, porquanto se confere como causa da nobreza das outras coisas a bondade e como causa daquela dos homens o princípio do esquecimento.

O terceiro inconveniente é que muitas vezes viria antes o gerado que aquele que gera, o que é totalmente impossível. Isso pode ser demonstrado da seguinte maneira. Suponhamos que Gherardo da Cammino[43] tivesse sido neto do mais humilde dos humildes cidadãos que se dessedentava no rio Sile ou no rio Cagnano e não tivesse ainda ocorrido o esquecimento de seu avô. Quem ousaria dizer que Gherardo da Cammino fosse homem de condição humilde? Quem haveria de me contradizer, dizendo que aquele havia sido nobre? Certamente ninguém, por mais presunçoso que fosse, porquanto ele o foi e que sua memória seja sempre conservada. Se não tivesse ocorrido, como se supõe, o esquecimento de seu humilde antecessor, e ele fosse grande em nobreza e a nobreza nele fosse vista tão claramente como se vê, primeiro teria subsistido nele, antes que aquele que o gerou tivesse existido; ora, isto é absolutamente impossível.

O quarto é que tal homem seria considerado nobre depois de morto, não tendo sido enquanto vivo. Maior inconveniente que esse não poderia existir e isso se demonstra dessa maneira. Suponhamos que na época de Dardano houvesse memória de seus humildes antecessores e suponhamos que na época de Laomedonte[44] essa memória tivesse desaparecido, ocorrendo o esquecimento. De acordo com a opinião contrária, Laomedonte foi nobre em vida e Dardano foi de condição humilde. Nós, para quem a memória de seus antecessores – refiro-me aos tempos anteriores a Dardano – não persistiu, deveríamos dizer que Dardano enquanto vivo fosse de condição humilde

---

[43] Gherardo da Cammino (1240-1306), nobre do Vêneto, área sob influência da república de Veneza. Sile e Cagnano são dois rios que confluem na cidade de Treviso, onde Gherardo teve grande influência política.

[44] Dardano, segundo a lenda, era filho de Júpiter e Eletra, ancestral dos reis de Troia; Laomedonte era o pai de Príamo e, portanto, descendente de Dardano.

e, depois de morto, nobre. Contra isso não cabe dizer que é fábula que Dardano tenha sido filho de Júpiter, uma vez que, ao discutir filosoficamente, a isso não se deve dar atenção. Mesmo que o adversário quisesse basear-se na fábula, certamente o que a fábula afirma destrói todas as razões dele. Torna-se assim evidente que a razão que estabelecia o esquecimento como causa de nobreza é falsa e errônea.

## Capítulo XV

Desde que, por sua própria afirmação, a canção condenou que se requeira espaço de tempo para a nobreza, de imediato continua a confundir a mencionada opinião deles, a fim de que não subsista nenhum traço de suas falsas razões na mente de quem está aberto à verdade. Isto ela o faz quando diz: *Disso se segue também o que antes propus.* Cumpre aqui salientar que, se o homem de condição humilde não pode tornar-se nobre ou se de pai humilde não pode nascer filho nobre, como foi disposto antes pela opinião deles, dos dois inconvenientes um deve ser seguido: um propõe que não existe nobreza alguma; o outro afirma que o mundo sempre existiu com muitos homens, de modo que o gênero humano não descende de um só homem. E isso pode ser demonstrado.

Se nobreza não é gerada de novo, como reiteradas vezes foi dito que a opinião deles assim o quer (não sendo gerada em homem de condição inferior em si mesmo, nem de pai de condição inferior no filho), o homem permanece sempre tal qual como nasce e tal nasce qual é o pai; e esse processo de condição única veio desde o primeiro genitor; desde que tal foi o primeiro genitor, isto é, Adão, assim deve ser todo o gênero humano, porquanto desde ele até os tempos atuais não se pode, por essa razão, encontrar modificação alguma. Logo, se o próprio Adão foi nobre, todos somos nobres, e se ele foi de condição humilde, todos somos de condição inferior. Isso não é outra coisa senão negar a distinção dessas condições e, em decorrência, negar as mesmas. Por isso a canção afirma, em decorrência do que foi dito antes, *que todos somos nobres ou humildes.*

Se assim não for, e ainda assim se deva classificar alguns homens como nobres e outros como de condição inferior, deve-se necessariamente, uma vez que a modificação de condição humilde em nobreza foi negada, admitir que o gênero humano descende de princípios diversos, isto é, de um nobre e de outro inferior. É isto que a canção afirma, ao dizer: *Ou que não descendemos todos de mesma matriz*, isto é, de um só homem; não diz "matrizes". E isto é absolutamente falso de acordo com o filósofo, de acordo com nossa fé que não pode mentir, de acordo com a lei e a crença antiga dos pagãos.

De fato, embora o filósofo não defenda a ideia de uma humanidade que descende de um único homem, admite no entanto existir em todos os homens uma única essência que não pode ter princípios diversos. Platão defende que todos os homens dependem de uma única ideia, e não de diversa, o que é conferir a eles um único princípio. Sem dúvida, Aristóteles haveria de rir muito ao ouvir que se estabelecem duas espécies para o gênero humano, como se faz com os cavalos e com os asnos. Que me perdoe Aristóteles, podem muito bem ser classificados como asnos aqueles que assim pensam.

Que de acordo com nossa fé, que deve ser muito bem conservada, isso seja totalmente falso, é demonstrado por Salomão que, ao distinguir todos os homens dos animais irracionais, chama os primeiros de filhos de Adão. De fato, assim diz: "Quem sabe se os espíritos dos filhos de Adão vão para o alto e aqueles dos animais vão para baixo?"

Que de acordo com os pagãos isso fosse falso, testemunha-o Ovídio no primeiro livro de *Metamorfoses*, onde trata da constituição do mundo segundo a crença pagã, ao dizer: "Nasceu o homem" – não disse "os homens"; disse "nasceu" e "homem" -, "seja que isto tenha feito de semente divina o artífice das coisas, seja que a terra recente, há pouco separada do nobre corpo sutil e etéreo, retivesse as sementes do céu nascido junto. A terra que, misturada com a água do rio, formou o filho de Japeto, isto é, Prometeu, à imagem dos deuses que tudo governam." Nisso transparece plenamente que o primeiro homem foi um só.

Por isso a canção diz: *Mas com isso não concordo*, isto é, que não houvesse um começo para o homem. E a canção acrescenta ainda: *Nem eles certamente, se forem cristãos*. Diz "cristãos" e não "filósofos" ou "pagãos", cujas sentenças também não são contrárias, porque a definição cristã apresenta maior vigor e destrói qualquer calúnia por causa da suprema luz do céu de que é iluminada.

Depois, quando digo: *Porque para intelectos sadios é evidente que seus argumentos são vãos*, concluo que o erro deles é confuso e afirmo que é tempo de abrir os olhos para a verdade. Isto está claro quando digo:

*E dizer quero agora, assim como sinto.* Afirmo, portanto, que, por aquilo que foi exposto, é evidente para os intelectos sadios que os argumentos deles são vãos, isto é, sem conteúdo de verdade. Digam sadios não sem razão, porque se deve saber que nosso intelecto pode ser considerado sadio ou enfermo. Escrevo intelecto por aquela parte nobre de nossa alma que poderia ser designada com o termo "mente". Pode ser dito sadio quando não é impedido em sua atividade por enfermidade de alma ou de corpo, o que corresponde a conhecer aquilo que as coisas são, como afirma Atistóteles no terceiro livro da *Alma*. De fato, de acordo com a doença da alma, pude constatar três horríveis enfermidades na mente dos homens.

A primeira é causada por jactância de caráter, porque muitos são tão presunçosos que acreditam que sabem tudo e, em razão disso, afirmam as coisas não certas como certas. Esse vício é condenado veementemente por Cícero no livro primeiro de *Dos Deveres* e por Tomás de Aquino em seu livro *Contra os Gentios*, ao dizer: "Há muitos tão presunçosos em seu engenho que acreditam que, com seu intelecto, podem medir todas as coisas, definindo como verdadeiro tudo o que a eles assim parece e falso, tudo o que não lhes parece." Disso decorre que jamais atingem a verdadeira sabedoria. Acreditando serem suficientemente instruídos por si próprios, nunca perguntam, jamais escutam, desejam ser perguntados e, ante a pergunta feita, respondem mal. Para eles Salomão escreve em *Provérbios*: "Observastes o homem rápido em responder? Dele deve-se esperar mais estultícia que correção."

A segunda tem como causa a pusilanimidade natural. Há muitos que são tão vilmente obstinados que não podem acreditar que nem por eles nem por outros se possa conhecer as coisas. Esses jamais por si próprios questionam as coisas ou raciocinam e jamais dão atenção ao que os outros dizem. Contra eles Aristóteles escreve no primeiro livro da *Ética*, afirmando que esses são ouvintes inúteis da filosofia moral. Esses vivem sempre de modo grosseiro, como animais, totalmente privados de qualquer saber.

A terceira é causada por leviandade natural. Há muitos que possuem uma fantasia tão ágil que em todos os seus pensamentos divagam e, antes que tenham concluído um raciocínio, na metade da conclusão já divagam em outra e isso lhes parece estar argumentando de maneira sutil; não partem de princípio algum e não conseguem coisa alguma realmente verdadeira em suas divagações. O filósofo diz que não se deve dar atenção a eles, nem ter com eles relacionamento, afirmando no primeiro livro da *Física* que "não se deve discutir com aquele que nega os princípios". Há muitos desses idiotas que não sabem o ABC e gostariam de discutir sobre geometria, astrologia e física.

A mente pode não ser sadia por enfermidade ou por deficiência do corpo. Ocorre, por exemplo, quando subsistir alguma falha de nascença, como nos deficientes ou quando houver alguma alteração do cérebro, como nos loucos. A lei se refere a essa enfermidade quando Inforzato diz: "Naquele que faz testamento, na época em que elabora o testamento, deve-se exigir sanidade da mente e não do corpo." Por essa razão, aqueles intelectos que não são enfermos por doença da alma ou do corpo, são livres, expeditos e sadios à luz da verdade; por essa mesma razão, afirmo que é evidente que é vã, isto é, sem valor, a opinião dos outros que foram mencionados.

Logo se acrescenta que eu assim os julgo falsos e, como tais, os reprovo, como está no texto da canção: *E eu assim como falsos os reprovo*. Logo acrescento que é necessário mostrar a verdade e afirmo que haverei de mostrá-la, isto é, o que é nobreza e como se pode reconhecer o homem que nela está incluído. Isso ocorre quando digo: *E dizer quero agora, assim como eu sinto.*

## Capítulo XVI

"O rei se alegrará em Deus e serão louvados todos aqueles que juram por ele; por isso será fechada a boca daqueles que proferem coisas iníquas."[45] Realmente posso propor aqui estas palavras, porquanto todo verdadeiro rei deve amar sobretudo a verdade. Por isso no livro da *Sabedoria* está escrito: "Amai a luz da sabedoria, vós que dirigis os povos." A própria verdade é a luz da sabedoria. Com isso afirmo que se alegrará todo rei que condena a extremamente falsa e danosa opinião dos homens maus e enganadores que até o momento falaram de modo iníquo da nobreza.

Convém agora prosseguir com o tratado da verdade, de acordo com a divisão feita no terceiro capítulo deste tratado. Esta segunda parte, portanto, que inicia com *Afirmo que toda virtude principalmente*, pre-

---

(45) Salmo 62, 11.

tende definir a própria nobreza de acordo com a verdade. E esta parte se subdivide em duas: com a primeira pretende-se mostrar o que vem a ser essa nobreza; com a segunda pretende-se mostrar como se pode reconhecer aquele em que ela reside. Esta segunda parte começa assim: *Essa bondade que enriquece a alma*. A primeira parte se subdivide ainda em duas: na primeira procuram-se certas coisas que são necessárias para definir a nobreza; na segunda procura-se a definição da mesma. E esta segunda parte começa assim: *Há nobreza onde quer que haja virtude*.

Para penetrar perfeitamente no tratado deve-se em primeiro lugar verificar duas coisas: primeiro, o que se entende por este vocábulo "nobreza", considerado unicamente em si próprio; segundo, qual o caminho a seguir para procurar a mencionada definição.

Afirmo, pois, que, se considerarmos o costume usual de falar, com o vocábulo "nobreza" entende-se perfeição da própria natureza em cada coisa. Por isso não é apregoada somente a respeito do homem, mas também a respeito de todas as coisas, uma vez que o homem costuma designar pedra nobre, planta nobre, cavalo nobre, falcão nobre, e qualquer coisa que em sua natureza é observada como perfeita. Por esse motivo, Salomão diz no *Eclesiastes*: "Feliz da Terra cujo rei é nobre." Isso equivale a dizer que seu rei é perfeito, de acordo com a perfeição da alma e do corpo. Manifesta desse modo o que diz antes a esse mesmo respeito: "Infeliz de ti, Terra, cujo rei é criança!", isto é, homem não perfeito. E não é menino só por idade, mas por costumes desordenados e por vida desregrada, como me ensina o filósofo no primeiro livro da *Ética*.

Há não poucos insensatos que acreditam que com o vocábulo "nobre" se deva entender "ser por muitos mencionado e conhecido" e afirmam que provém de um verbo que significa conhecer, isto é, "*nosco*". Isto é totalmente falso, porque, se assim fosse, as coisas que mais fossem citadas e conhecidas em seu gênero mais seriam em sua espécie nobres. Assim, o topo da cúpula de São Pedro seria a pedra mais nobre do mundo; Asdente, o sapateiro de Parma[46], seria mais nobre que qualquer um de seus concidadãos; Albuino de la Scala seria mais nobre que Guido da Castello di Reggio. Cada uma dessas coisas é totalmente falsa. Por isso é totalmente falso que "nobre" provenha de "conhecer", mas provém de "não vil"; por isso "nobre" é quase "não vil".

---

(46) Benvenuto da Parma, apelidado Asdente por causa de sua dentadura irregular e proeminente, largou a profissão de sapateiro para dedicar-se à astronomia. Albuino de la Scala foi senhor feudal de Verona de 1304 a 1311.

Desta perfeição é que o filósofo fala no sétimo livro da *Física*, quando diz: "Cada coisa é perfeita em sua expressão máxima quando toca e atinge sua virtude própria e então é expressão máxima de sua própria natureza; por isso então o círculo pode ser dito perfeito quando é verdadeiramente círculo", isto é, quanto atinge sua própria virtude. Então se encontra em toda a sua natureza e então pode ser designado de círculo nobre. Isso ocorre quando nele um ponto seja igualmente distante da circunferência e igualmente sua virtude se distribui pelo círculo. Por isso o círculo que se configura de forma ovalada não é nobre, nem aquele que se configura como lua cheia, porque nele não reside sua natureza perfeita. Pode-se verificar assim, de modo evidente, que em geral este vocábulo, ou seja, nobreza, se refere em todas as coisas à perfeição própria de sua natureza. Isto é o que se procura em primeiro lugar para melhor penetrar no tratado da parte que se pretende expor.

Em segundo lugar, deve-se procurar qual caminho seguir para encontrar a definição da nobreza humana, objeto da presente exposição. Afirmo, pois, uma vez que naquelas coisas que são de uma espécie, como o são todos os homens, que não se pode definir sua mais elevada perfeição pelos princípios essenciais, convém procurar defini-la e conhecê-la por meio de seus efeitos. Por isso se lê no evangelho de São Mateus que Cristo diz: "Guardai-vos dos falsos profetas. Por seus frutos os conhecereis." Esta definição que se procura deve seguir o caminho mais breve, que é o dos frutos que são virtudes morais e intelectuais, das quais nossa própria nobreza é semente, como em sua definição se tornará evidente. Estas são as duas coisas que convinha observar antes de passar a outras, como foi dito anteriormente neste capítulo.

## Capítulo XVII

Apenas expostas aquelas duas coisas que pareciam úteis a considerar antes de prosseguir no texto, agora convém continuar. A canção começa dizendo, portanto: *Afirmo que toda virtude provém principalmente de uma única raiz: Virtude, digo, que torna o homem feliz em suas realizações*. E acrescento: *Este é, segundo a Ética diz, um hábito de vida*, sublinhando a precisa definição da virtude moral de acordo com o modo que a define o filósofo no segundo livro da *Ética*, no qual são previstas especialmente duas coisas: a primeira, que toda virtude se origina de um princípio; a segunda, que essas virtudes sejam as virtudes morais de que se fala. Isso é o que propõe quando escreve: *Este é, segundo a Ética diz*. Disso se depreende que as virtudes morais são específicos frutos nossos e que em qualquer situação dependem de nós. Essas virtudes são classificadas e enumeradas de maneira diversa por muitos filósofos. Considerando, porém, aquele local em que a divina sentença de Aristóteles abriu a boca, parece-me que possa deixar de lado qualquer outra opinião; passo a descrever e a comentar brevemente quais são elas, segundo a opinião dele.

Estas são as onze virtudes enumeradas pelo mencionado filósofo. A primeira se chama fortaleza, que é arma e freio para moderar nossa audácia e timidez nas coisas que constituem corrupção de nossa vida. A segunda é a temperança, regra e freio de nossa gula e de nossa excessiva abstinência nas coisas que conservam nossa vida. A terceira é a liberalidade que é moderadora de nosso dar e de nosso receber nas coisas temporais. A quarta é a magnificência que é moderadora das grandes despesas, levando a fazê-las e a suportá-las dentro de certos limites. A quinta é a magnanimidade que é moderadora e conquistadora das grandes honras e fama.

A sexta é amante da honra, que nos modera e nos prepara para as honras deste mundo. A sétima é a mansidão que modera nossa ira e nossa demasiada paciência contra nossos males externos. A oitava é a afabilidade que nos leva a conviver condignamente com os outros. A nona se chama sinceridade que, em nossas palavras, nos modera a elevar-nos mais do que somos e a nos diminuir-nos mais do que somos. A décima é o comportamento adequado e prazeroso que nos modera na diversão, levando-nos a usá-la adequadamente. A décima primeira é a justiça que nos predispõe a amar e a atuar com correção em todas as coisas.

Cada uma dessas virtudes tem dois inimigos, um de cada lado, ou seja, vícios, um no exagero e outro na deficiência. E todas essas virtudes estão no meio desses vícios e todas surgem de um princípio, isto é, do hábito de nossa boa escolha. Por isso geralmente se pode dizer de todas elas que constituem um hábito de escolha situado no meio. Essas são as que tornam o homem bem-aventurado ou feliz ao atuá-las, como afirma o filósofo no primeiro livro da *Ética*, onde define a felicidade. De fato, afirma que "felicidade é realização em vida perfeita segundo a virtude". Muitos classificam a prudência, isto é, o bom senso, como virtude moral, mas Aristóteles a enumera entre as intelectuais, embora ela seja guia das virtudes morais e mostre o caminho que devem seguir, além do que sem ela não poderiam subsistir.

Na realidade, cumpre saber que podemos ter nesta vida duas felicidades, de acordo com dois caminhos diversos, bom e ótimo, que a isso nos conduzem. Uma é a vida ativa e a outra, a contemplativa. Esta, embora seja alcançada por meio da vida ativa, como foi dito, da boa felicidade nos guia à ótima felicidade e bem-aventurança, como o prova o filósofo no décimo livro da *Ética*. E Cristo o afirma com suas próprias palavras, ao falar e responder a Marta, como consta no evangelho de Lucas: "Marta, Marta, és muito solícita e te preocupas com muitas coisas; certamente uma única coisa é necessária", isto é, "aquilo que fazes". E acrescenta: "Maria escolheu a melhor parte, que não lhe será tirada." Maria, segundo o que está escrito antes dessas palavras do evangelho, estava sentada aos pés de Cristo e não mostrava preocupação alguma com os afazeres da casa, mas somente escutava as palavras do Salvador. Se quisermos expor isso numa ótica moral, Nosso Senhor quis mostrar com isso que a vida contemplativa é superior, por melhor que seja a vida ativa. Isto é evidente para quem prestar toda a atenção nas palavras do evangelho.

Alguém poderia contradizer-me argumentando: "Uma vez que a felicidade da vida contemplativa é melhor que aquela da ativa, e tanto uma como outra possam ser e de fato sejam fruto e fim de nobreza, por que não se prossegue antes pelo caminho das virtudes intelectuais do que por aquele das morais?" A isso pode-se facilmente responder que em cada doutrina deve-se ter respeito à faculdade daquele que aprende e guiá-lo por aquele caminho que lhe seja mais ameno. Por isso, desde que as virtudes morais pareçam ser e são de fato mais comuns, mais conhecidas e mais requeridas que as outras, além de terem mais utilidade que as outras no aspecto externo, foi mais útil e conveniente prosseguir por aquele caminho do que pelo outro. Comparando, não se chegaria ao conhecimento perfeito das abelhas analisando somente o produto da cera ou somente o produto do mel, embora ambos procedam delas.

## Capítulo XVIII

No capítulo precedente foi determinado como cada virtude provém de um princípio, ou seja, boa e habitual escolha. Isso convém ao texto presente até a parte que inicia: *Afirmo que nobreza considerada em si*.

Nesta parte prossegue-se, portanto, por via demonstrativa para saber que toda virtude mencionada antes, tomada em particular ou em conjunto, procede da nobreza, como efeito de sua causa. Fundamenta-se numa proposição filosófica que afirma que, quando duas coisas podem convergir para uma só, ambas devem reduzir-se a uma terceira, ou ligada uma à outra, como efeito de uma causa; porque uma coisa tida antes não pode subsistir por si, se não possuída por alguém. E se aquelas não fossem ambas efeito de uma terceira realidade, ou uma ligada à outra, ambas teriam aquela coisa antes e por si próprias, o que é impossível.

Por esse motivo a canção afirma que nobreza e *tal virtude*, isto é, moral, são ambas necessárias, pois uma e outra tecem elogios para aquele de quem se diz: *Porque numa só palavra, ambas são necessárias, porque possuem o mesmo efeito*, isto é, elogiar e prestar homenagem àquele a quem se referem. Depois conclui tomando a virtude da anteriormente mencionada proposição, afirmando que por isso é necessário que uma proceda da outra ou ambas de uma terceira e acrescenta que se deve pressupor antes que uma proceda da outra, e não ambas de uma terceira, se for evidente que uma vale tanto quanto a outra e mais ainda, afirmando: *Mas se uma vale tanto quanto a outra.*

Cumpre salientar que aqui não se procede por demonstração necessária, como seria dizer que o frio gera água, quando vemos que as nuvens é que geram água e que o frio gera as nuvens. Assim, por bela e adequada indução, deve-se dizer que, se em nós subsistem coisas louváveis e em nós subsiste o princípio de nossos elogios, é conveniente fazer convergir essas coisas a esse princípio; e aquele que compreende mais coisas, deve-se mais razoavelmente dizer que ele é princípio delas e não elas princípio dele. Comparando, o pé da árvore, que compreende todos os ramos, deve ser considerado princípio e causa daqueles e não aqueles causa dele. Assim também a nobreza, que compreende todas as virtudes, como a causa compreende o efeito, e muitas outras nossas realizações louváveis, deve ser assim considerada, de modos que a virtude seja reduzida a ela e não a uma terceira realidade que em nós subsiste.

Finalmente sublinha que aquilo que foi dito (isto é, que toda virtude moral provém de uma única raiz; que essa virtude e a nobreza convergem para uma única coisa, como foi exposto; que por isso é necessário reduzir uma à outra ou ambas a uma terceira realidade; que, se uma vale tanto quanto a outra e mais, que essa procede daquela mais do que de terceira realidade), tudo *seja dado por certo*, ou seja, ordenado e preparado para aquilo que é entendido como anterior. Assim termina esta estrofe como também esta parte.

## Capítulo XIX

Uma vez que na parte precedente foram delongadamente tratadas e determinadas certas coisas, necessárias para verificar como se poderia definir esta boa coisa de que se fala, convém agora prosseguir para a parte seguinte que assim inicia: *Há nobreza onde quer que haja virtude*. Divide-se esta parte em duas. Na primeira, prova-se determinada coisa que antes foi mencionada mas deixada sem demonstração. Na segunda, concluindo, propõe-se essa definição que está sendo procurada. Esta segunda parte começa desta maneira: *Virá, portanto, da cor negra a escura*.

Para comprovar a primeira parte, convém relembrar que antes foi dito que, se a nobreza vale mais que a virtude e é mais abrangente que ela, a virtude deverá provir da nobreza. Que a nobreza seja mais abrangente, é o que se demonstra nesta parte e toma o exemplo do céu, afirmando que onde quer que há virtude, há nobreza. Pretende-se saber aqui que, como o que está escrito no Direito é considerado lei, naquelas coisas que são evidentes por si não há necessidade de demonstração. E nada há de mais evidente do que há nobreza onde houver virtude; por isso constatamos que toda coisa costuma ser popularmente chamada nobre quando em sua natureza é virtuosa.

A canção afirma, pois: *Como o céu está onde houver estrelas*. Mas não o contrário ou *vice-versa*, que onde houver céu há estrelas. Assim também, há nobreza onde quer que haja virtude, mas não há virtude onde quer que haja nobreza. Isso é dito com belo e conveniente exemplo, porque realmente o céu existe onde reluzem muitas e diferentes estrelas. Na alma nobre reluzem as virtudes intelectuais e morais; nela resplendem as boas disposições conferidas pela natureza, ou seja, piedade e religião, e as louváveis paixões, como a vergonha, a misericórdia e muitas outras; nela brilham as coisas boas corporais, como a beleza, a força e a saúde quase permanente.

São tantas as estrelas que do céu resplendem, que não é de se espantar se produzem muitos e diferentes frutos na nobreza humana. Tão diversificadas são a natureza e as potencialidades dela, compreendidas e unidas sob uma única substância, que frutifica diversamente como se repousasse em diferentes ramos. Certamente por isso ouso dizer que a nobreza humana, quando está repleta de virtudes, supera aquela do anjo, embora a angélica em sua unidade seja mais divina. Dessa nossa nobreza, que produzia tantos e tão belos frutos, teve consciência o salmista quando compôs o salmo que assim começa: "Senhor, nosso Deus, quão admirável é teu nome em toda a terra!". Depois se refere ao homem, como que maravilhado por causa do afeto divino por essa criatura humana, dizendo: "O que é o homem para que tu, Deus, te dignes visitá-lo? Tu o criaste um pouco inferior aos anjos, coroaste-o de glória e honra e o pusestes acima das obras de tuas mãos." Realmente, portanto, bela e adequada foi comparação do céu com a nobreza humana.

Depois quando diz *E nós nas mulheres e nos jovens*, prova o que digo, mostrando que a nobreza se estende em parte também onde não há virtude. E continua dizendo, *vemos essa graça perfeita*. Compete à nobreza, que realmente é graça perfeita, encontrar-se onde há vergonha, isto é, temor de desonra, como subsiste nas mulheres e nos jovens, em quem a vergonha é boa e louvável, pois essa vergonha não é virtude, mas um tipo de paixão positiva. Note-se que diz: *E nós nas mulheres e nos jovens*, isto é, naqueles de pouca idade, porque, segundo afirma o filósofo no quarto livro da *Ética*, "vergonha não é louvável nem cabe nos velhos e nos homens estudiosos"; esses devem, portanto, evitar aquelas coisas que levam a envergonhar-se. Para os jovens e as mulheres não se requer tanta cautela. Por isso é louvável neles o medo da desonra em decorrência de culpa, porquanto se origina de nobreza e neles pode ser considerada nobreza e assim deve ser chamada, como a desfaçatez é classificada de vileza e ignobilidade. Por essa razão é bom e ótimo sinal de nobreza nas crianças e menores de idade em geral quando, depois da falta, em seu rosto se estampa a vergonha, sendo então fruto de verdadeira nobreza.

## Capítulo XX

Quando continua *Virá, portanto, como da cor negra a escura*, o texto prossegue na definição de nobreza, que se procura e que se constata que é dessa nobreza que tanta gente fala erroneamente. Concluindo o que fora exposto antes, afirma que *toda virtude ou o costu-*

*me do justo meio*, isto é, o hábito da escolha que consiste no meio, deverá proceder desta, a nobreza. Parte do exemplo das cores, ao dizer: como o escuro provém do preto, assim esta, isto é, a virtude provém da nobreza. O escuro é uma cor mista de púrpura e preto, mas o preto prevalece e dele toma o nome; assim também a virtude é uma coisa mista de nobreza e paixão, mas como a nobreza supera aquela, dela é que a virtude toma o nome e passa a chamar-se bondade.

Logo depois argumenta, baseando-se no que foi exposto, que ninguém, para poder dizer "Eu sou dessa linhagem", deve acreditar estar de posse dela, se esses frutos não subsistirem nele. Fornece imediatamente o motivo, dizendo que aqueles que têm essa *graça*, isto é, essa coisa divina, são *quase* como *deuses*, sem mácula de vício. E isso somente Deus pode conceder, ele que não faz acepção de pessoas, como falam as divinas Escrituras. Não deve parecer exagero para ninguém quando se diz *Que eles são quase deuses*, porque, como foi exposto anteriormente no sétimo capítulo do terceiro tratado, assim como há homens extremamente vis e animalescos, assim também há homens extremamente nobres e divinos. Isso é demonstrado por Aristóteles no sétimo livro da *Ética*, citando o texto do poeta Homero. Desse modo, aqueles que pertencem à família dos Uberti de Florença ou àquela dos Visconti de Milão devem permitir-se dizer: "Sou nobre porque pertenço a essa linhagem." De fato, a semente divina não cai numa linhagem, isto é numa estirpe, mas cai nas pessoas em particular, de modo que, como será demonstrado mais adiante, não é a estirpe que torna cada pessoa nobre, mas cada pessoa em particular é que torna nobre a estirpe.

Depois, ao dizer *Porque somente Deus a confere à alma*, trata de quem recebe, ou seja, do sujeito em que esse divino dom desce. É realmente dom divino, segundo a palavra do Apóstolo: "Toda a melhor dádiva e todo dom perfeito vêm do alto, descendo do Pai das luzes." A canção diz portanto que somente Deus concede essa graça à alma daqueles que estão perfeitamente preparados, dignos e dispostos a receber esse ato divino. Porque, como diz o filósofo no segundo livro da *Alma*, "as coisas devem estar dispostas em seus agentes para que possam receber seus atos". Por isso, se a alma está disposta de modo imperfeito, não está disposta a receber essa bendita e divina infusão, como uma pedra preciosa maldisposta ou imperfeita não pode receber a virtude celestial ou ainda como disse o nobile Guido Guinizzelli numa de suas canções que inicia dessa maneira: *No coração nobre sempre busca refúgio o amor*. A alma pode, portanto, não estar bem-disposta na pessoa por falta de saúde ou talvez por falta de tempo e nessa pessoa esse raio divino jamais haverá de brilhar. Esses tais, cuja alma está privada dessa luz, podem ser considerados como vales voltados para o norte ou grutas subterrâneas, onde a luz do sol nunca desce se não for refletida de outro local iluminado pela mesma luz do sol.

Conclui, por fim, e afirma que, de acordo com o exposto anteriormente (isto é, que as virtudes são fruto de nobreza e que Deus concede infunde esta na alma bem-disposta), *para alguns*, ou seja, para aqueles que compreendem, que são poucos, é evidente que nobreza humana não é outra coisa senão "semente de felicidade", *colocada por Deus na alma bem-disposta,* isto é, cujo corpo está perfeitamente disposto em todas as suas partes. Porque, se as virtudes são fruto de nobreza e felicidade é doçura se comparada a elas, é evidente que a própria nobreza é semente de felicidade, como foi exposto. Observando bem, esta definição compreende as quatro causas conjuntamente, isto é, a material, a formal, a eficiente e a final. De fato, material e porquanto diz *na alma bem-disposta*, que é objeto e sujeito de nobreza; formal enquanto diz que é *semente*; eficiente enquanto diz *colocada por Deus na alma*; e final porquanto diz *de felicidade*. Assim é definida nossa bondade que de modo semelhante desce em nós de virtude suprema e espiritual, como na pedra preciosa desce virtude de nobilíssimo corpo celestial.

## Capítulo XXI

Para que se compreenda mais perfeitamente a bondade humana, que em nós é princípio de todo bem e que é chamada também nobreza, convém explicar neste capítulo especial como essa bondade desce em nós. Em primeiro lugar, de modo natural e, depois, de modo teológico, ou seja, divino e espiritual. Primeiramente, deve-se saber que o homem é composto de alma e corpo, mas a nobreza está na alma, como uma semente da virtude divina, segundo foi exposto antes.

Na verdade, muito filósofos escreveram de modo diverso sobre a diferença de nossas almas. Avicena e Algazel afirmaram que elas, por si próprias e por seu princípio, eram nobres e vis. Platão e outros afirmaram que elas procediam das estrelas e eram mais ou menos nobres, de acordo com a nobreza da estrela. Pitágoras afirmou que todas possuíam a mesma nobreza, não somente as humanas, mas com as humanas também aquelas dos animais irracionais, das plantas e dos minerais, ressaltando que toda diferença entre elas residia nos corpos e nas formas. Se cada um insistisse em defender a própria opinião, pode ser que a verdade pudesse ser constatada em todas, mas, à primeira vista, parecem situar-se um pouco distantes da verdade, não segundo sua real procedência, mas segundo a opinião de Aristóteles e dos peripatéticos.

Por isso afirmo que, quando a semente humana cai em seu receptáculo, ou seja, no útero, essa traz consigo a virtude da alma geradora, a virtude do céu e a virtude dos elementos coligados, isto é, todo o complexo; e amadurece e dispõe a matéria para a virtude formadora que a alma do genitor conferiu; e a virtude formadora prepara os órgãos para a virtude celestial que do poder da semente produz a alma viva. Esta, apenas formada, recebe da virtude do motor do céu o intelecto possível que traz em si, de modo potencial, todas as formas universais, como subsistem em seu produtor, e tanto menos quanto mais distante estiver da primeira inteligência.

Que ninguém se espante se falo de modo que parece difícil ser entendido, porque eu mesmo me espanto como esse tipo de processo pode realizar-se e mesmo ser captado pelo intelecto. Não é coisa para ser expressa em língua, sobretudo em se tratando de língua popular. Por esse motivo, não me resta senão dizer como o Apóstolo: "Ó sublimidade das riquezas da sabedoria de Deus, como são incompreensíveis teus juízos e insondáveis teus caminhos!"

Como a semente em si pode ser melhor e menos boa, e a disposição do semeador pode ser melhor e menos boa, e a disposição do céu para esse efeito pode ser boa, melhor e ótima (variando como as constelações que se modificam continuamente), tem-se como resultante que da semente humana e dessas virtudes pode formar-se alma mais pura e menos pura. De acordo com seu estado de pureza, desce nela a virtude intelectual possível, como é chamada e como foi exposto antes. Se ocorrer que, para o estado de pureza da alma que recebe, a virtude intelectual seja de todo abstrata e livre de qualquer sombra corpórea, a bondade divina nela se multiplica, como em coisa suficiente para recebê-la e, portanto, essa inteligência se multiplica na alma, na medida em que puder recebê-la.

E essa é aquela semente de felicidade de que ora se fala. Isso está de acordo com a opinião de Cícero, expressa no livro *De Senectute*, onde, ao repetir as palavras de Catão, escreve: "Por isso é que em nós desceu uma alma celestial, vinda do altíssimo habitáculo para o local que é contrário à natureza divina e à eternidade." Nessa alma reside sua própria virtude, bem como a intelectual e a divina, ou seja, aquela que é chamada influência. Por isso está escrito no livro das *Causas*: "Toda alma nobre possui três maneiras de agir, isto é, a animal, a intelectual e a divina." Há alguns que defendem essa opinião que afirmam que, se todas as precedentes virtudes se juntassem para a formação de uma alma em sua melhor disposição, tamanha parte da divindade haveria de baixar nela que poderia ser como que outro deus encarnado. Isso é quase tudo o que pode ser dito segundo o pensamento natural.

De acordo com o pensamento teológico, pode-se dizer que a suprema divindade, ou seja, Deus, ao ver sua criatura predisposta a receber seu benefício, infunde nela tanto mais intensamente quanto mais estiver disposta a recebê-lo. Como esses dons provêm de inefável caridade e como a divina caridade seja próprio do Espírito Santo, esses benefícios são chamados dons do Espírito Santo. Segundo a distinção que deles faz o profeta Isaías, são sete: sabedoria, entendimento, conselho, fortaleza, ciência, piedade e temor de Deus. Oh! Belos grãos e boa e admirável semente! Oh! Admirável e benigno semeador que não beneficia senão a natureza humana que lhe prepara a terra a semear! Felizes daqueles que cultivam essa semente como convém!

Deve-se saber que o primeiro e mais nobre broto que germina dessa semente, para tornar-se frutífero, necessita do apetite da alma, que em grego é designado "hormen". Se esse não for bem cultivado e mantido reto pelos bons costumes, de pouco vale a semente e seria melhor não ser terreno semeado. Por isso é que santo Agostinho, bem como Aristóteles no segundo livro da *Ética*, insistem que o homem deva empenhar-se em fazer o bem e refrear suas paixões, para que esse mencionado broto vingue por meio dos bons costumes e se fortaleça em sua retidão, de modo que possa dar frutos e de seu fruto possa extrair-se a doçura da felicidade humana.

# Capítulo XXII

Os filósofos moralistas, que trataram dos benefícios, ordenam que o homem deve empenhar-se com arte e solicitude em conceder benefícios, sempre que puder, uma vez que sejam úteis ao que os recebe. Por isso, querendo obedecer a essa ordem, empenho-me em tornar útil, tanto quanto me seja possível, este meu Banquete em todas as suas partes. Como nesta parte é necessário que escreva sobre a felicidade humana, é minha intenção escrever sobre sua doçura, porque melhor exposição não pode ser oferecida para aqueles que não a conhecem. De fato, como diz o filósofo no primeiro livro da *Ética* e Cícero no livro da *Finalidade dos Bens*, é mau guia aquele que não conhece a meta. Assim também, não consegue atingir essa doçura aquele que antes não a descobre. Por isso, uma vez que ela representa nossa última felicidade, pela qual vivemos e realizamos o que empreendemos, é extremamente útil e necessário descortinar essa meta, a fim de direcionar para ela o arco de nossas ações. Deve-se sobretudo ajudar com afinco aqueles que não vislumbram seu próprio destino.

Deixando de lado a opinião do filósofo Epicuro e de Zenon, pretendo tratar de imediato da verdadeira opinião de Aristóteles e dos demais peripatéticos. Como foi dito antes que da bondade divina que em nós foi semeada e infundida desde o início de nossa geração germina um broto que os gregos designam "hormen", isto é, apetite natural da alma. Como nos grãos que germinam, no início têm toda a semelhança com qualquer erva, mas depois vão se diferenciando ao crescer, assim também esse apetite natural que deriva da graça divina, no início igualmente não se mostra diferente daquele que provém da própria natureza, mas como ocorre com as ervas de sementes diversas, com ele se assemelha. Não somente nos homens, mas tem semelhança nos homens e nos animais. Isso transparece porque, todo animal, tal como nasceu, racional ou irracional, ama-se a si mesmo, teme e foge daquelas coisas que lhe são contrárias, além de detestá-las. Mais adiante, como foi dito, começa a surgir uma dessemelhança entre eles, na medida em que se desenvolve esse apetite que em alguns segue um caminho e, em outros, outro. Como diz o Apóstolo, "Muitos correm na competição, mas um só conquista a coroa da vitória", assim também esses apetites humanos correm desde o início por diversos caminhos, mas um só desses caminhos é o que nos conduz à paz. Entretanto, deixando de lado todos os outros, neste tratado pretende-se seguir de perto aquele que começa bem.

Afirmo, portanto, que desde o início se ama a si mesmo, embora de modo indistinto. Depois, vai distinguindo aquelas coisas que são para ele mais dignas de amor daquelas que o são de ódio, seguindo ou fugindo mais e menos, de acordo com o conhecimento que distingue não somente as outras coisas, que ama de modo secundário, mas também que distingue em si próprio, que ama de modo especial. Conhecendo em si diversas partes, ama aquelas que nele são mais nobres. Uma vez que a parte mais nobre do homem seja a alma e não o corpo, mais ama aquela. Desse modo, amando a si mesmo de maneira especial e, por si, as outras coisas, e amando de si próprio mais a parte melhor, é evidente que ama mais a alma que o corpo ou qualquer outra coisa. Naturalmente, portanto, deve amar mais a alma que qualquer outra coisa. Se a mente, portanto, se deleita sempre no uso da coisa amada, que é fruto de amor, e nessa coisa que é amada o uso se manifesta de todo prazeroso, o uso de nossa alma é totalmente agradável para nós. E aquilo que é totalmente agradável para nós, isso é nossa felicidade e nossa bem-aventurança, além da qual não há deleite maior, nem qualquer outro pode existir, como pode constatar quem prestar bem atenção à razão precedente.

Ninguém pode afirmar que todo apetite representa a alma, porque aqui por alma se entende somente aquilo que se refere à parte racional, isto é, vontade e intelecto. Desse modo, se alguém quisesse designar de alma o afetivo sensitivo, aqui não cabe e nem pode caber, porque ninguém duvida que o apetite racional é mais nobre que aquele dos sentidos e, portanto, mais amável. E é desse que ora se trata. Realmente, o uso de nossa alma é duplo, ou seja, prático e especulativo (prático significa operativo), ambos sumamente agradáveis, embora o contemplativo o seja mais, como foi assinalado anteriormente. O prático se refere a agir por nós mesmos, de modo virtuoso, isto é, honestamente, com prudência, com temperança, com fortaleza e com justiça. O especulativo é não agir por nós mesmos, mas considerar as obras de Deus e da natureza. Tanto este como o outro são, como se pode ver, nossa bem-aventurança e suprema felicidade que é a doçura da mencionada semente, como já aparece de modo evidente. Muitas vezes essa semente não atinge o grau de felicidade por ter sido mal cultivada e por ter sido desviada em sua germinação. E pode chegar a atingi-la de igual modo por correção devida e bom cultivo, porque onde essa semente não cai desde o início, pode-se induzi-la em seu desenvolvimento para que chegue a esse fruto. Seria como que enxertar uma natureza alheia em raiz diferente. Não há, portanto, ninguém que possa ser escusado, porque, se alguém não possui essa semente de sua raiz natural, pode muito bem tê-la por meio de enxerto. Assim poderiam ser tão numerosos aqueles que se deixassem enxertar, como são numerosos aqueles que se afastam da boa raiz!

Na realidade, desses usos, um é mais repleto de felicidade que o outro. Assim é o especulativo que, sem medida alguma, é usado por nossa parte mais nobre, a qual, pelo radical amor que tem é de modo supremo amável, como é também o intelecto. Essa parte não pode ter nesta vida seu uso totalmente perfeito – o qual deverá ocorrer em Deus que é supremo inteligível – a não ser enquanto considera a Deus e o contempla por meio de seus efeitos.

Que nós consideremos essa felicidade como suprema e não outra, isto é, aquela da vida ativa, isso nos ensina o evangelho de Marcos, se a ele prestarmos cuidadosa atenção. Marcos relata que Maria Madalena, Maria de Tiago e Maria Salomé foram até o sepulcro para encontrar o Senhor e não o encontraram. Depararam-se, no entanto, com um jovem vestido de branco que lhes disse: "Procurais o Salvador e eu vos digo que não está aqui. Não temais, contudo, mas ide e dizei a seus discípulos e a Pedro que ele os precederá na Galileia. Ali o vereis, como ele próprio vos disse."

Essas três mulheres podem ser comparadas às três escolas da vida ativa, ou seja, os epicureus, os estoicos e os peripatéticos, que vão ao sepulcro, isto é, ao mundo presente que é receptáculo de coisas corruptíveis e procuram o Salvador, isto é, a felicidade, e não a encontram. Encontram, porém, um jovem em trajes brancos que, segundo o testemunho de Mateus e também de outros, era um anjo de Deus. Por isso Mateus disse: "O anjo de Deus desceu do céu e, ao chegar, revolveu a pedra, sentando-se sobre ela. Sua aparência era como de um raio e suas vestes eram brancas como a neve."

Esse anjo é essa nossa nobreza que vem de Deus, como foi exposto, que fala em nossa razão e que informa a cada uma dessas escolas, isto é, a qualquer um que ande procurando felicidade na vida ativa, que ela não se encontra aqui. Mas que vá e diga aos discípulos e a Pedro, isto é, àqueles que a procuram e àqueles que se desviaram, como Pedro o havia renegado, que os precederá na Galileia. Em outras palavras, que a felicidade nos precederá na Galileia, ou seja, na especulação. Galileia é o mesmo que dizer brancura[47]. Brancura é uma cor repleta de luz corporal, mais

---

(47) A Galileia era coberta de rochas nuas que davam a impressão de brancura; por isso se pensava que o designativo proviesse do grego gála, leite.

que qualquer outra coisa; de igual modo, a contemplação é mais repleta de luz espiritual do que qualquer outra coisa que possa existir na terra. E diz: "Ele precederá"; e não diz: "Ele estará convosco", para dar a entender que em nossa contemplação Deus sempre precede, nem jamais poderemos alcançá-lo aqui, ele que é nossa felicidade suprema. Acrescenta ainda: "Ali o vereis, como ele próprio disse." Em outros termos, ali havereis de saborear de sua doçura, isto é, da felicidade, como vos foi prometido aqui, ou seja, como foi estabelecido que vós também podereis tê-la. Desse modo, torna-se claro que nossa bem-aventurança (essa felicidade de que se fala) poderemos encontrá-la primeiro como imperfeita na vida ativa, ou seja, nas ações das virtudes morais, e depois como quase perfeita nas ações das virtudes intelectuais. Essas duas espécies de ações são caminhos expeditos e diretíssimos para conduzir à suprema felicidade que aqui não pode ser alcançada, como é evidente por aquilo que foi dito.

## Capítulo XXIII

Uma vez que parece demonstrada de modo suficiente a definição de nobreza e determinada em suas partes, como foi possível, de tal maneira que já se pode verificar o que é um homem nobre, parece que se deva prosseguir para a parte do texto que assim inicia: *A alma enriquecida com essa bondade.* Nesta parte são descritos os sinais pelos quais se pode reconhecer um homem nobre que realmente o é. Esta parte se subdivide em duas. Na primeira, afirma-se que essa nobreza brilha e resplandece em toda a vida do nobre de modo evidente. Na segunda, são descritos de modo específico seus esplendores e esta segunda parte começa assim: *Obediente, meiga e pudica.*

A respeito da primeira deve-se saber que essa semente divina, de que se falou antes, germina de imediato em nossa alma, infundindo e diversificando-se para cada potencialidade da alma, de acordo com suas exigências. Germina, portanto, para a vegetativa, para a sensitiva e para a racional e se ramifica na virtude de cada uma dessas partes, dirigindo-as todas para a própria perfeição e nelas sustentando-se sempre até o ponto em que, com aquela parte de nossa alma que jamais morre, retorna ao céu para junto do altíssimo e gloriosíssimo semeador. Isso é o que se refere a essa primeira parte citada.

Depois, ao começar com as palavras *Obediente, meiga e pudica,* mostra como podemos reconhecer o homem nobre pelos sinais aparentes que são realização dessa bondade divina. Esta parte se divide em quatro, porquanto segue quatro idades diversas, a adolescência, a juventude, a idade madura e a velhice. A segunda parte começa com as palavras *Na juventude, temperada e forte*; a terceira começa assim: *Em sua velhice*; e a quarta: *Depois, na quarta parte da vida*.

Esta é a proposição desta parte em geral, a respeito da qual se pretende demonstrar que cada efeito, enquanto houver efeito, possui traços de semelhança com sua causa, desde que seja possível detectá-la. Por isso, uma vez que nossa vida, como foi assinalado, e também a de todo ser vivo da terra, é causada pelo céu e o céu se abre a todos esses efeitos, não com sua órbita inteira mas com uma só parte dele, convém desse modo que seu movimento sobre eles se verifique como se fosse um arco e todas as vidas terrenas (digo terrenas para indicar tanto a dos homens quanto a dos outros seres vivos), subindo e voltando, se tornam praticamente semelhantes à imagem do arco. Retornando à nossa proposição, a única que interessa no momento, afirmo que ela se conforma com a imagem desse arco, subindo e descendo.

Convém saber que esse arco, em sua menor e maior curvatura, deveria ser igual se a matéria de nossa constituição vital não fosse impedida pela regra da natureza humana. Como o líquido vital existe em menor e em maior quantidade, de melhor qualidade ou de qualidade inferior e deve durar mais num efeito que em outro – que é sujeito e alimento do calor, que é nossa vida – acontece que o arco da vida de um homem é de menor e maior curvatura do que aquele de outro. Pode ocorrer morte violenta ou apressada por enfermidade acidental, mas somente daquela que é chamada popularmente natural é que o salmista fala daquele limite que lhe é posto: "Puseste um termo que ninguém pode ultrapassar."

Por ter notado esse arco de nossa vida de que ora se trata, parece que o mestre de nossa vida, Aristóteles, decidiu afirmar que nossa vida não é outra coisa senão uma subida e uma descida. Por isso, no livro que trata da Juventude e da Velhice, afirma que juventude não passa de aumento daquela. Onde estiver o ponto mais alto desse arco, é difícil saber, por causa daquela desigualdade de que se falou antes. Mas na maioria dos homens, acredito que se fixe entre os 33 e 34 anos de idade e acredito também que se situe nos 35 anos, naqueles homens de constituição física perfeita. E a razão que leva a afirmar isso é que Cristo, nosso salvador, gozando de uma constituição física perfeita, quis morrer aos 34 anos de idade, porque não era conveniente para a divindade permanecer em algo que entrasse em fase decrescente; nem se deve crer que ele não quisesse permanecer nesta nossa vida até atingir o ponto mais alto, porquanto havia estado na condição inferior da infância. Isso é evidenciado pela hora do dia de sua morte, porquanto quis torná-la conforme com sua vida; por isso Lucas escreve que era quase a hora sexta quando morreu, o que significa que era o ponto alto do dia. Por essa razão, pode-se depreender que aquele "quase" indica que o ponto alto da vida de Cristo teria ocorrido aos 35 anos de idade.

Na verdade, esse arco não se divide ao meio, como falam as obras existentes, mas, seguindo as quatro combinações das qualidades contrárias que subsistem em nossa constituição, para cada uma das quais parece combinar uma parte de nossa idade, divide-se em quatro partes, chamadas quatro idades. A primeira é a adolescência, que se adapta ao calor e à umidade; a segunda é juventude, que se adapta ao calor e ao seco; a terceira é a idade madura, que se adapta ao frio e ao seco; a quarta é a velhice, que se adapta ao frio e à umidade, de acordo com o que escreve Alberto no quarto livro de *De Meteoris*. De modo semelhante, essas partes ocorrem no ano que é dividido em primavera, verão, outono e inverno; de igual modo no dia, ou seja, até a hora terceira e depois até a hora nona (deixando a hora sexta no meio, para distinguir a divisão) e, depois, até as vésperas e das vésperas para diante. Por isso os gentios, ou seja, os pagãos, afirmavam que o carro do sol tinha quatro cavalos: chamavam o primeiro de Eos, o segundo de Pirro, o terceiro de Eton e o quarto de Flegon, como escreve Ovídio no segundo livro das *Metamorfoses*.

A respeito das partes do dia, convém saber de modo breve que, como foi assinalado no sexto capítulo do terceiro tratado, a Igreja usa, na distinção das horas, as horas do dia temporal, que são doze em cada dia, grandes ou pequenas, de acordo com a duração do Sol. Entretanto, a hora sexta, ou seja, o meio-dia, é a mais nobre e a mais virtuosa de todo o dia, aproximando dela todas as funções, aquelas anteriores e aquelas posteriores, sempre que possível. Por isso o ofício da primeira parte do dia, isto é, da hora terceira, é recitado no final dela; e aquele da terceira e da quarta parte é recitado no início das mesmas. Por essa razão se diz meia terceira, antes que seja dado o toque do sino para aquela parte; e meia nona, quando há o toque para aquela parte; e assim meias vésperas. Que todos saibam, portanto, que, na hora nona certa, deve-se tocar sempre no início da hora sétima do dia. Isto é suficiente para a presente digressão.

# Capítulo XXIV

Voltando ao tema, assinalo que a vida humana se divide em quatro idades. A primeira é a adolescência, ou seja, "aumento de vida"; a segunda é chamada juventude, isto é, "idade que pode ser útil", ou seja, conferir perfeição e assim deve ser entendida, porquanto ninguém pode dar senão o que tem; a terceira é chamada de idade madura; a quarta é a velhice, como foi assinalado antes.

Ninguém duvida da primeira, mas todos os sábios concordam em afirmar que ela dura até os 25 anos. Como até essa idade nossa alma se preocupa com o crescimento e a formação do corpo, subsistindo muitas e grandes modificações na pessoa, a alma não pode discernir perfeitamente a parte racional. Por essa razão, o direito estabelece que antes dessa idade o homem não pode fazer certas coisas, sem um tutor de idade adulta.

Com relação à segunda, que é realmente o ápice de nossa vida, a idade é estabelecida de modo diverso por muitos. Deixando de lado, porém, o que escrevem a respeito os filósofos e os médicos e seguindo minha própria opinião, afirmo que na maioria dos homens essa etapa começa aos vinte anos de idade, porquanto todos podem e devem já estar gozando de todo o juízo natural. A razão disso é que, se o ápice de nosso arco é aos 35 anos de idade, tanto quanto essa idade tem de subida deve ter também de descida. Essa subida e essa descida está praticamente na base do arco, onde pouca flexão se pode distinguir. Teríamos, portanto, que a juventude chega a seu término aos 45 anos. Como a adolescência compreende os 25 anos precedentes, subindo para a juventude, assim também a descida, ou seja, a idade madura, deve corresponder a outro período igual que sucede à juventude, terminando assim a idade madura aos 70 anos. Como a adolescência não começa no início da vida, tomando-a como foi exposto antes, mas em torno dos oito anos, e como nossa natureza se empenha em subir e refreia a descida, e como o calor natural perde impulso e pode menos e a umidade aumentou (não em quantidade, mas em qualidade, de modo que se evapora e se consuma menos), disso decorre que, para além da idade madura, não resta de nossa vida talvez senão um período de dez anos, pouco mais ou pouco menos. Esse período é chamado de velhice.

Por isso vemos que Platão, que poderia ser classificado como homem de constituição física ótima, tanto por sua perfeição quanto por seu semblante (notadas de imediato por Sócrates, apenas se encontrou com ele), viveu 81 anos, como o atesta Cícero em seu livro De Senectute. Acredito que, se Cristo não tivesse sido crucificado e tivesse podido viver o espaço de tempo que sua vida pudesse perdurar, teria passado anos desse corpo mortal para o eterno aos 81 anos.

Na verdade, como foi dito antes, essas idades podem ser mais longas e mais curtas, de acordo com nossa constituição e composição. Mas como elas se distinguem nessa proporção, como foi assinalado antes, em todos se encontram e em todos me parece que devam ser conservadas, ou seja, tratar as idades em todos, sejam mais longas sejam menos longas, de acordo com a duração total do tempo da vida natural. Para todas essas idades, essa nobreza de que se fala mostra de modo diverso seus efeitos na alma enobrecida. E é isto que a presente parte pretende demonstrar.

Neste ponto convém saber que nossa boa e reta natureza procede de modo racional em nós, como observamos a natureza das plantas proceder nelas. Por isso é que algumas atitudes e alguns comportamentos são mais razoáveis numa idade do que em outra, porquanto a alma enobrecida procede de modo ordenado por um caminho simples, usando seus atos em seus devidos tempos e idades, como se fossem ordenados a seu último objetivo. Cícero concorda com isso em seu livro *De Senectute*. Deixando de lado o estilo metafórico com o qual Virgílio na *Eneida* descreve esse processo das idades, deixando de lado aquilo que Egídio, dos padres eremitas, escreve a respeito na primeira parte do livro *De Regimine Principum*, deixando de lado o que afirma Cícero no livro *De Officiis*, e seguindo somente aquilo que a própria razão nos dá a ver, afirmo que essa primeira idade é porta e caminho pelos quais entramos em nossa boa vida. Essa entrada deve dispor necessariamente de certas coisas que a boa natureza, que nunca falha nas coisas boas, nos fornece, como observamos que dá à videira as folhas para defender o fruto e as gavinhas com as quais defende e sustenta sua fraqueza, de modo que suporta o peso de seu fruto.

A boa natureza dá, portanto, a essa idade quatro coisas, necessárias para entrar na idade do viver bem. A primeira é a obediência; a segunda, a meiguice; a terceira, a vergonha; a quarta, a beleza corporal, como assinala o texto na primeira parte.

Convém salientar que, como aquele que jamais tivesse estado numa cidade, não haveria de saber tomar as ruas certas sem indicação de alguém que usualmente as percorre, assim o adolescente que entra na selva errônea desta vida não haveria de saber como tomar o bom caminho, se não lhe fosse mostrado por seus pais. De pouco adiantaria indicar-lhe os caminhos, se não fosse obediente às ordens deles. Por isso tornou-se necessária nessa idade a obediência.

Alguém poderia dizer: Poderá ser classificado como obediente aquele que acreditar nos maus mandamentos como aquele que acredita nos bons? Respondo que isso não seria obediência, mas transgressão, porque, se o rei indica um caminho e o servo indicar outro, não se deve obedecer ao servo, porquanto desobedecer ao rei se configura como transgressão. Por isso Salomão, quando pretende corrigir seu filho (e este é seu primeiro mandamento), diz: "Segue, meu filho, o ensinamento de teu pai." Depois o leva a desistir do mau conselho e do ensinamento dos outros, dizendo: "Que não venham os pecadores aliciar-te com suas lisonjas, para que não os sigas."

Por isso, como logo que nasce o filho se agarra aos seios da mãe, assim também logo que alguma luz da alma nele aparece deve acatar a correção do pai e o pai deve educá-lo. Este deve cuidar-se para não dar exemplo com suas ações que seja contrário às palavras que lhe dirige, porque observamos que todo filho naturalmente segue mais as pegadas do pai do que aquelas de qualquer outro. Por essa razão, o direito, que cuida disso, diz e ordena que a pessoa do pai deve aparecer sempre aos filhos como santa e honesta. Disso se infere que a obediência é necessária nessa idade.

Nos Provérbios, Salomão escreve que aquele que humilde e obedientemente acata as repreensões e correções de quem o faz "será glorioso"; diz "será", para dar a entender que fala ao adolescente, que não pode sê-lo na presente idade. Se alguém se obstinasse em dizer: "O que foi dito, se refere somente ao pai e não a outros", respondo que ao pai se deve total obediência. O Apóstolo diz aos Colossenses: "Filhos, obedecei a vossos pais em todas as coisas, porque Deus assim o quer." Se o pai não for vivo, a referência se volta para aquele que o pai deixou em seu lugar, como última vontade sua. Se o pai falece sem deixar testamento, deve-se obedecer àquele a quem a lei delega o poder. Além disso, devem ser obedecidos mestres e superiores, aos quais parece em certa medida competir o dever de substituir o pai ou o tutor. Como as digressões constantes neste capítulo foram longas, as demais coisas passam a ser tratadas no capítulo seguinte.

# Capítulo XXV

Não só é obediente na adolescência essa alma de natureza boa, mas é também meiga. Essa qualidade é outra coisa que é necessária nessa idade para entrar bem pela porta da juventude. É necessária porquanto não podemos ter vida perfeita sem amigos, como escreve Aristóteles no oitavo livro da *Ética*. Além disso, a maior parte das amizades costuma ser semeada primeiramente nessa idade, uma vez que nela o homem começa a tornar-se simpático ou o contrário. Essa qualidade se adquire com atitudes simpáticas, como falar de maneira gentil e cortês e do mesmo modo servir e agir. Por esse motivo Salomão fala a seu filho adolescente: "Deus despreza os desprezadores e dará graça aos meigos e gentis." Em outro local acrescenta: "Tira de tua boca as palavras torpes e todas as atitudes vis fiquem distantes de ti." Por essas razões, tem-se como necessária essa meiguice.

Nessa idade é necessária também a vergonha que, como o texto diz, a boa e nobre natureza a deixa transparecer nessa idade. Uma vez que a vergonha é sinal evidente de nobreza na adolescência, porque nessa etapa é extremamente necessária para uma boa estrutura em nossa vida, para a qual conduz a nobre natureza, tanto mais deve-se falar dela com diligência. Por vergonha quero referir-me a três paixões que são necessárias para a estrutura de nossa boa vida: uma é o estupor; a outra é o pudor; a terceira é a modéstia, embora o povo em geral não consiga fazer essa distinção.

As três são necessárias nessa idade porque, nessa idade, é necessário ser reverente e desejoso de saber; nessa idade, é necessário ser moderado, para não exceder-se; nessa idade é necessário arrepender-se pelas faltas cometidas para não habituar-se a elas. Todas essas coisas constituem as paixões mencionadas que popularmente são chamadas vergonha. De fato, o estupor é um aturdimento da alma ao ver ou ouvir ou de alguma maneira perceber coisas grandes e maravilhosas porque, ao parecer grandes, torna reverente aquele que as percebe e, ao parecer maravilhosas, torna o homem ansioso por saber a respeito delas. Por essa razão os antigos reis mandavam decorar seus palácios com magníficas obras de ouro e de pedras, além de outras obras de arte, a fim de que todos aqueles que as vissem ficassem estupefatos, mas reverentes e maravilhados com as honrosas condições do rei. Por essa razão o meigo poeta Statius evoca que, no primeiro livro da História de Tebas, quando Adrasto, rei de Argos, viu Polínice coberto com uma pele de leão e Tideu coberto com uma pele de javali, relembrou a resposta que Apolo lhe havia dado a respeito de suas filhas, ficando por isso estupefato e, no entanto, mais reverente e mais desejoso em saber[48].

O pudor é uma retração da alma diante de coisas ruins, provocada pelo medo de cair nelas. Por isso observamos nas virgens e nas mulheres corretas, como também nos adolescentes, que são tão pudicos que uma cor pálida ou avermelhada tinge seu rosto, não somente quando são solicitados ou tentados a praticar atos faltosos, mas também quando uma simples imaginação lhes ocorre de caráter sensual. Por isso o citado poeta no primeiro livro da história de Tebas escreve que, no momento em que Aceste, ama de Argia e de Deifiles, filhas do rei Adrasto, as conduziu diante do do santo pai, na presença dos dois peregrinos, Polínice e Tideu, as virgens ficaram pálidas e avermelhadas e desviaram seus olhos de qualquer outro e fitaram somente o rosto paterno, como se nele se sentissem seguros seus olhos. Oh! Quantas faltas esse pudor refreia! Quantas coisas desonestas e perguntas leva a calar! Quantas cobiças desonestas refreia! Quantas más tentações desvia não somente na pessoa pudica, mas também naquela que não é! Quantas palavras torpes evita! Porque, como diz Cícero no primeiro livro *Dos Deveres*: "Nenhum ato é feio, que não seja feio mencioná-lo." Por isso o homem pudico e nobre nunca profere palavras que não pareçam honestas a uma mulher. Oh! Como fica mal para qualquer nobre que pretende ser homem honrado mencionar coisas que na boca de qualquer mulher não caem bem!

A timidez ou modéstia é um receio de desonra por falta cometida. Desse receio surge um arrependimento da falta, o qual tem em si um amargor que é incentivo para não errar mais. Por esse motivo, o mesmo poeta diz que, naquela mesma passagem, Polínice, ao ser indagado pelo rei Adrasto sobre sua pessoa, ficou em dúvida antes de responder[49], por vergonha da falta cometida contra seu pai e também pelas faltas de seu pai, Édipo, porque parecem permanecer como vergonha para o filho; além disso, não citou o nome de seu pai, mas seus antepassados e a terra de origem da mãe. Por essas razões, fica evidente que a vergonha é necessária nessa idade.

---

(48) A lenda conta que um oráculo havia predito para Adrasto que suas duas filhas, Argias e Deifiles, teriam tomado por esposo, respectivamente, um leão e um javali.

(49) Polínice havia expulso seu pai Édipo da cidade de Tebas. Édipo tinha desposado a própria mãe Jocasta, depois de ter matado o pai Laio, mas sem saber que os dois eram seus progenitores.

A nobre natureza não mostra somente obediência, meiguice e vergonha nessa idade, mas mostra também beleza e agilidade no corpo, como o texto diz: *E seu corpo enfeita*. Este "enfeita" é verbo e não substantivo; verbo no indicativo do tempo presente na terceira pessoa. Em decorrência disso, cumpre ressaltar que isto também é necessário para nossa boa vida, porque nossa alma tem necessidade de órgãos corporais para realizar grande parte de suas ações e, portanto, haverá de agir bem quando o corpo estiver bem ordenado e disposto em suas partes. Quando estiver bem ordenado e disposto, torna-se belo em seu todo e em cada uma de suas partes, porque a devida disposição de nossos membros produz um prazer de não sei que harmonia admirável e a boa disposição, ou seja, a saúde, esparge sobre aquelas um colorido agradável de contemplar. Dizer, portanto, que a nobre natureza embeleza seu corpo e o torne adequado e esbelto não significa outra coisa senão que o configura numa ordem perfeita e, como as outras coisas que foram expostas, parece que sejam necessárias para a adolescência. Essas coisas a nobre alma, ou seja, a nobre natureza, confere e busca primeiramente essas como coisa que, já foi dito, foi semeada pela divina providência.

## Capítulo XXVI

Como esta pequena seção desta primeira parte expôs como podemos reconhecer por sinais evidentes o homem nobre, cumpre prosseguir com a segunda parte que começa assim: *Na juventude, temperada e forte*. Afirma, portanto, que, como a nobre natureza se mostra na adolescência *obediente, meiga e pudica*, e adorna seu corpo, assim também na juventude se revela temperada, forte, amorosa, cortês e leal, cinco coisas que parecem, e são, necessárias para nossa perfeição, enquanto tivermos respeito para conosco mesmos. A respeito disso, procura-se demonstrar que tudo o que a nobre natureza prepara na primeira idade, prepara-o e ordena-o segundo uma disposição da natureza universal que ordena a particular em vista da própria perfeição. Esta nossa perfeição pode ser considerada de duas maneiras. Pode ser considerada segundo diz respeito a nós mesmos; e essa deve ser inerente a nós em nossa juventude, porquanto é o ápice de nossa vida. Pode ser considerada enquanto diz respeito aos outros; uma vez que é necessário antes ser perfeito para depois comunicar a própria perfeição aos outros, convém ter essa perfeição secundária nessa idade, isto é, na idade madura, como mais adiante será descrito.

Deve-se relembrar aqui o que foi exposto no capítulo 22 deste tratado sobre o apetite que em nós subsiste desde o início de nossa vida. Esse apetite não faz outra coisa senão caçar e fugir. Sempre que esse caça aquilo e quanto lhe é necessário e ao mesmo tempo foge daquilo e de quanto lhe é necessário, o homem está a caminho de sua perfeição. Na verdade, esse apetite deve ser cavalgado pela razão porque, como um cavalo sem rédeas, por mais que seja de natureza nobre, por si, sem o bom cavaleiro, não se comporta bem, assim também esse apetite, chamado irascível e concupiscível, por mais nobre que seja, deve obedecer à razão que o guia com freio e esporas, como qualquer bom cavaleiro. Usa o freio quando ele caça, freio que é chamado temperança, a qual mostra o limite até onde se pode caçar; usa as esporas quando foge, para que retorne ao lugar de onde quer fugir, e essas esporas se denominam fortaleza ou magnanimidade, virtude que mostra o lugar onde há que parar e lutar.

Nosso maior poeta, Virgílio, mostra que Eneias estava desse modo sob freio, na parte da *Eneida* em que essa idade é representada. Essa parte compreende os livros quarto, quinto e sexto da *Eneida*. E quanto estava sob freio, pode ser notado quando, após ter recebido de Dido todos os prazeres que serão descritos mais adiante no sétimo tratado[50] e após ter sentido por ela todo o amor possível, teve de partir para percorrer honesto, louvável e frutífero caminho, como é descrito no quarto livro da *Eneida*. Como as esporas foram acionadas, pode ser constatado quando o próprio Eneias, acompanhado somente por Sibila, teve de entrar no inferno para procurar a alma de seu pai Anquises, enfrentando imensos perigos, como é descrito no sexto livro da mencionada história. Por essas razões, revela-se que em nossa juventude é necessário sermos "temperados e fortes" para atingirmos nossa perfeição. E isso faz e demonstra a boa natureza, como o texto o diz de modo expresso.

Para sua perfeição é necessário ainda que essa idade seja amorosa, uma vez que lhe convém olhar para trás e para frente, como algo que está voltado para o sul. Convém amar os pais, dos quais recebeu o ser,

---

(50) O livro foi interrompido, porém, no término do quarto tratado.

o alimento e a educação, de tal modo que não pareça ingrato; convém amar os mais jovens para que, amando-os, seja magnânimo em benefícios para com eles, a fim de que, em tempos de menor prosperidade, seja por eles sustentado e honrado. Desse amor estava imbuído o citado poeta Eneias, como é mostrado no quinto livro da Eneida, quando deixou os troianos mais velhos na Sicília, sob os cuidados de Aceste, e os livrou das fadigas; e de igual modo quando instruiu nesse local seu filho Ascânio, com os demais jovens, a manejar as armas. Por essas razões revela-se que nessa idade é necessário amar, como o próprio texto diz.

Nessa idade é necessário ainda ser cortês porque, embora seja simpático cultivar a cortesia em qualquer idade, nessa é extremamente necessária. Se a adolescência pode ser facilmente desculpada por mostrar falhas de cortesia, mesmo por causa de sua idade inferior, ao contrário, não pode ser escusada a idade madura, por causa da moderação e da severidade que dela se requer; assim também e com maior razão, com relação à velhice. O excelso poeta Eneias mostra que possuía essa cortesia quando, no sexto livro mencionado, escreve que o rei Eneias, para honrar o corpo do falecido Miseno, que havia sido trombeteiro de Heitor e depois se havia confiado a ele, empenhou-se e tomou do machado para ajudar a cortar a lenha do fogo que haveria de cremar o corpo do falecido, como era costume deles. Por essas razões tem-se como necessária a cortesia para a juventude e a nobre alma, como foi dito, a revela.

A essa idade é necessário ainda ser leal. Lealdade é seguir e realizar o que as leis ordenam e isso convém sobretudo ao jovem, uma vez que o adolescente, como foi dito, merece facilmente perdão por sua minoridade. O ancião, por ter mais experiência, deve ser justo e não um aplicador da lei, a não ser quando seu reto juízo e a lei se conformam perfeitamente, além do que deve guiar-se com justiça e quase sem lei alguma, o que o jovem não consegue fazer. Basta para ele que obedeça à lei e sinta gosto em respeitá-la, como diz o mencionado poeta no citado quinto livro da Eneida, quando Eneias organizou os jogos na Sicília no aniversário do pai, conferindo o que havia prometido pelas vitórias, consignando depois lealmente o prometido a cada vitorioso, como aliás era antigo costume deles, quase uma lei. Por essas razões, torna-se evidente que nessa idade são necessárias lealdade, cortesia, amor, fortaleza e temperança, como reza o texto ora exposto. A alma nobre as revela todas.

# Capítulo XXVII

Foi exposto e analisado de modo suficiente a respeito daquela pequena parte que o texto propõe, mostrando as qualidades que a alma nobre empresta à juventude. Por isso, parece que é o caso de prosseguir com a terceira parte que começa assim: *É em sua idade madura*. Nessa, o texto pretende mostrar as coisas que a nobre natureza confere na terceira idade, ou seja, na idade madura. Afirma que a alma nobre na idade madura é *prudente*, *justa*, magnânima e contente em falar bem dos outros e deles ouvir o que é agradável. Realmente essas quatro virtudes são muito convenientes para essa idade.

Para conferir isso, convém saber que, como diz Cícero no livro *De Senectute*, "Nossa vida tem determinado curso e percurso simples é aquele de nossa boa natureza; a cada idade da vida corresponde o gozo de determinados prazeres." Como é conferido à adolescência, segundo foi exposto anteriormente, aquilo que lhe possibilita alcançar a perfeição e a maturidade, assim à juventude é conferida a perfeição e à idade madura a maturidade para que a doçura de seu fruto seja proveitosa para si próprio e para os outros, porque, como diz Aristóteles, o homem é animal social, uma vez que não se requer dele que seja útil para si próprio somente, mas também para os outros. Por isso se lê que Catão acreditava que tinha nascido para ser útil não a si próprio, mas à pátria e ao mundo inteiro. Tratando-se da própria perfeição, que é conquistada na juventude, convém atingir aquela que ilumine não somente a si próprio, mas também aos outros. Seria conveniente que o homem se abrisse como uma rosa que não pode mais ficar fechada e expandir o perfume que dentro de si gera. Isso convém que ocorra nessa terceira idade.

Cumpre, portanto, ser prudente, isto é, sábio. Para chegar a isso se requer boa memória das coisas passadas, bom conhecimento das presentes e boa visão das futuras. Como diz o filósofo no sexto livro da *Ética*, "é impossível que seja sábio aquele que não é bom", não se deve, portanto, considerar sábio aquele que age com artimanhas e enganos, mas deve ser classificado como astuto, porque, assim como ninguém haveria de considerar sábio aquele levasse a ponta de uma faca na pupila do olho, assim também não deve ser considerado sábio aquele que pratica com frequência o mal, porquanto, ao agir assim, prejudica sempre primeiramente a si mesmo do que os outros.

Observando bem, da prudência provêm os bons conselhos que conduzem a si próprio e aos outros a bom termo nas ações e realizações humanas. Esse é o dom que Salomão, ao ver-se alçado ao posto de governante de seu povo, pediu a Deus, como está escrito no terceiro livro dos Reis. Nem esse mesmo prudente espera que alguém lhe peça "Aconselha-me", mas antecipando-se, aconselha-o sem ter recebido pedido, como a rosa que esparge seu odor não somente para aqueles que se chegam até ela, mas também para todos aqueles que passam por perto. Algum médico ou advogado poderia dizer: "Haveria, portanto, dar meus conselhos e distribuí-los mesmo que não me fosse pedidos, deixando de auferir meus lucros com minha arte?" Respondo como Cristo: "De graça recebestes, de graça dai." Afirmo pois, senhor advogado, que aqueles conselhos que não fazem parte de teu ofício e que procedem unicamente daquele bom senso que Deus te deu (fala-se precisamente de prudência), não os deves vender aos filhos daquele que os deu a ti, mas aqueles que se relacionam com tua arte, que conquistaste, podes vendê-los, não significando com isso que, por vezes, não convenha tirar os dízimos e dar a Deus, isto é, àqueles infelizes que nada mais restou senão o que vem de Deus e de graça.

Também nessa idade convém ser justo, a fim de que os próprios juízes e a própria autoridade sirvam de luz e lei para os outros. Como essa virtude, ou seja, a justiça, era vista pelos filósofos antigos num estágio perfeito nessa idade, confiaram o governo das cidades para aqueles que se encontravam nessa idade e, por esse motivo, o colégio dos reitores foi chamado senado. Oh! Pobre, pobre pátria minha! Quanta compaixão despertas em mim, sempre que leio, sempre que escrevo algo que se relaciona com o governo civil! Uma vez que haverei de tratar da justiça no penúltimo tratado deste volume, por ora é suficiente o pouco que falei dela.

Convém igualmente nessa idade ser magnânimo, uma vez que nessa fase mais se torna necessário o que realmente satisfaz a exigência da própria natureza e a exigência de magnanimidade jamais pode ser satisfeita como nessa idade. Observando bem o procedimento de Aristóteles no quarto livro da *Ética* e aquele de Cícero no livro *Dos Deveres*, a magnanimidade deve manifestar-se em tempo e local, de modo que o magnânimo não prejudique a si próprio e aos outros. Essa não deve ocorrer sem prudência e sem justiça, virtudes que nessa idade é impossível por via natural possuí-las com perfeição. Ai!

Velhacos e tratantes, que deserdais viúvas e órfãos, que roubais aqueles que nada possuem, que tirais e ocupais os postos que pertencem a outros, que com essas coisas preparais banquetes, doais cavalos e armas, tecidos e dinheiro, vestis roupas elegantes, edificais luxuosas mansões e vos acreditais magnânimos! Que é isso senão tirar a toalha do altar e o ladrão cobrir com ela sua mesa? Nem de outra forma deve ser ridicularizada, tiranos, vossa magnanimidade que repete o ladrão que leva para sua casa os convidados e cobre a mesa com a toalha roubada do altar, conservando ainda as figuras eclesiásticas, pensando que eles não notassem. Escutai, obstinados, o que diz Cícero contra vós no livro *Dos Deveres*: "Há muitos, certamente ansiosos por fama e glória, que tiram de uns para dar a outros, acreditando serem considerados bons se os enriquecem de qualquer maneira. Mas isso é tão contrário ao que se deve fazer, que nada mais o é."

Nessa idade é necessário também ser afável, discorrer sobre coisas boas e ouvi-las de boa vontade e então é agradável falar sobre coisas boas, quando houver alguém que escute. Essa idade traz consigo também uma sombra de autoridade, fazendo com que essa idade seja mais ouvida que qualquer outra mais jovem, mesmo porque parece possuir mais belas e melhores informações a transmitir, em vista da longa experiência de vida. Por isso, no livro De Senectute, Cícero diz, pela boca de Catão, o Velho: "Tenho ânsia, vontade e prazer em permanecer em colóquio mais do que costumava fazê-lo."

No sétimo livro das *Metamorfoses*, Ovídio me ensina que essas quatro qualidades são necessárias nessa idade, precisamente naquele relato em que descreve como Céfalo de Atenas veio pedir auxílio a Eaco, na guerra que Atenas sustentou contra Creta. Mostra que o velho Eaco era prudente quando, ao ter perdido quase todo o seu povo por causa de uma pestilência que atingiu o ar, ele sabiamente recorreu a Deus e lhe pediu a restauração do povo extinto. Por seu bom senso que o manteve paciente e o fez voltar-se para Deus, seu povo foi restabelecido mais numeroso que antes. Esse relato mostra que esse homem era justo ao dizer que foi comandante de novo povo, a quem distribuiu sua terra deserta. Mostra que era magnânimo quando disse a Céfalo, após o pedido de auxílio: "Ó Atenas, não me peças auxílio, mas toma-o; não consideres inseguras as forças de que esta ilha dispõe. Esta é a situação real de minhas coisas: forças não nos faltam, ao contrário, temos delas de sobra; o adversário é poderoso e o tempo de doar é propício e sem obstáculos." Oh! Quantas coisas podem ser extraídas dessa resposta! Para bom entendedor, porém, é suficiente o que Ovídio o registra nessa passagem. Mostra que era afável quando fala e retrata com diligência em longo discurso a Céfalo a história de seu povo e seu restabelecimento.

Por essas razões, torna-se evidente que nessa idade são necessárias essas quatro qualidades e a nobre natureza nela as revela, como o expressa o texto. E para que o exemplo citado seja mais memorável, diz que esse rei Eaco foi pai de Telamon, de Peleus e de Foco, e ainda, que de Telamon nasceu Ajax e de Peleus nasceu Aquiles.

## Capítulo XXVIII

Depois de analisada esta pequena parte, convém prosseguir com a última que começa assim: *Depois na quarta parte da vida*. Com esta o texto pretende mostrar o que a nobre alma faz na última idade, ou seja, na velhice. Afirma que faz duas coisas: primeiro, que volta a Deus como para aquele porto de onde partiu quando entrou no mar desta vida; segundo, que bendiz o caminho que percorreu, porquanto foi reto e bom e sem sobressaltos de tempestades.

Cumpre relembrar aqui, como diz Cícero no livro *De Senectute*, que a morte natural é para nós como um porto de abrigo depois de longa navegação. Assim é porque, como o bom marinheiro, no momento em que se aproxima do porto, recolhe as velas e suavemente, com velocidade reduzida, entra nesse porto. De igual modo, devemos recolher as velas de nossas ações mundanas e voltar para Deus com toda a nossa disposição e coração aberto, de tal maneira a chegar a esse porto com toda a suavidade e paz. Nossa própria natureza nos confere grande predisposição de suavidade, porque nessa espécie de morte não há dor nem agruras, mas como uma maçã madura se desprende suavemente e sem violência do ramo, assim também nossa alma parte sem dores do corpo em que residia. Por isso, no livro *De Iuventute et Senectute*, diz que "a morte que ocorre na velhice é sem tristeza".

Assim como para aquele que chega de longo caminho, antes de entrar na porta de sua cidade vão ao encontro dele os cidadãos que nela habitam, assim também vão ao encontro da nobre alma, e devem fazê-lo, aqueles cidadãos que já estão na vida eterna. Isso ocorre por suas boas ações e contemplações porque, tendo-se já entregue a Deus e desligando-se das coisas e das preocupações mundanas, lhe parece ver aqueles que acredita estarem junto de Deus. Cícero põe na boca de Catão o Velho estas palavras: "Parece-me ver desde já e preparo-me com grande ansiedade para ver vossos pais, que amei, e não somente aqueles que conheci mas também aqueles de quem ouvi falar."

Nessa idade a nobre alma se entrega a Deus e espera o fim desta vida com grande ânsia e lhe parece deixar a hospedagem e voltar para a própria casa, parece-lhe terminar a caminhada e chegar na cidade, parece-lhe deixar o mar e retornar ao porto. Infelizes e estultos, vós que com as velas içadas correis para esse porto e onde haveríeis de buscar repouso, com o ímpeto do vento abalroais tudo e perdeis, por vossa própria culpa, todo o caminho que percorrestes! Certamente o cavaleiro Lancelot não entrou com as velas içadas, nem nosso nobilíssimo latino, Guido da Montefeltro[51]. Estes nobres recolheram com segurança as velas das realizações mundanas, porque em sua avançada idade se entregaram à fé, renunciando a todos os prazeres e obras mundanas. Ninguém pode invocar como desculpa o vínculo do matrimônio que o prende mesmo na idade avançada, porque não voltam à fé somente aqueles que vestem o hábito e levam vida semelhante a São Bento, Santo Agostinho, São Francisco e São Domingos, mas também se pode voltar à boa e verdadeira religião conservando os vínculos do matrimônio, porque Deus só quer que nosso coração seja religioso. Por isso São Paulo escreve aos romanos: "Não é judeu somente aquele que abertamente o é, nem somente aquela que se constata na carne é circuncisão; mas também aquele que vive oculto é judeu e a circuncisão do coração, no espírito e não na carne, é realmente circuncisão, louvada não pelos homens, mas por Deus."

Nessa idade a alma nobre bendiz os tempos passados e pode muito bem bendizê-los porque, revolvendo sua memória, relembra suas boas obras, sem as quais não poderia chegar ao porto, do qual se aproxima, com tamanha riqueza e com tantos lucros. Faz como o bom mercador que, ao se aproximar de seu porto, examina seus lucros e confessa: "Se não tivesse passado por esse caminho, não teria conse-

---

(51) Guido da Montefeltro (1220-1298) foi representante do partido gibelino (que apoiava a influência política do imperador da Alemanha na Itália, para reduzir a demasiada influência do Vaticano na península, espécie de busca política do equilíbrio entre o poder civil e o poder religioso), famoso e temido.

guido este tesouro e não teria do que me alegrar em minha cidade, da qual me aproximo." Por isso bendiz o caminho que percorreu.

Que essas duas coisas sejam necessárias nessa idade, demonstra-o o grande poeta Lucano no segundo livro de suas Farsálias, quando relata que Márcia voltou para Catão pedindo e suplicando que a retomasse, mesmo que ora desprovida do antigo viço. Por Márcia entende-se a alma nobre. Podemos aplicar esse relato à vida em si. Márcia foi virgem e, nessa condição relembra a adolescência. Depois casou-se com Catão e, nessa condição, recorda a juventude. Teve filhos que representam as virtudes mencionadas antes e próprias dos jovens. Divorciou-se de Catão e casou-se com Hortênsio, significando que deixou a juventude para entrar na idade madura. Teve filhos também com Hortênsio, representando esses as virtudes mencionadas antes e próprias da idade madura. Hortênsio faleceu, o que pode indicar o fim da idade madura. Viúva – viuvez que relembra a velhice -, Márcia voltou no início de sua viuvez para Catão, o que figura a alma nobre que, no início da velhice, volta para Deus. Qual homem desta terra foi mais digno de ser comparado a Deus do que Catão? Certamente ninguém.

O que é que Márcia diz a Catão? "Enquanto em mim houve sangue", isto é, a juventude, "enquanto em mim houve o vigor maternal", ou seja, a idade madura, que é mãe de elevadas virtudes como foi demonstrado anteriormente, "eu" diz Márcia "segui e cumpri tuas ordens", como a dizer que a alma foi fiel a suas obrigações sociais. Continua: "Tomei dois maridos", significando ter sido fértil em duas idades. "Agora", diz Márcia, "que meu ventre está cansado e que me tornei inadequada para os partos, volto a ti, não devendo mais ser dada a outro marido." Isto significado que a alma nobre, reconhecendo que não possui mais ventre que possa dar fruto, ou seja, sentindo que seus membros atingiram um estado de fraqueza, volta para Deus, aquele que não tem necessidade de membros corporais. Márcia diz, portanto: "Concede-me os pactos do antigo matrimônio, concede-me somente o nome de casamento." É o mesmo que a alma nobre poderia dizer a Deus: "Dá-me, meu Senhor, o repouso em ti; concede-me ao menos que nesta vida que me resta seja chamada tua."

Márcia acrescenta: "Dois motivos me levam a dizer isto. Primeiro, que todos digam de mim, depois de minha morte, que fui mulher de Catão. Segundo, que todos digam de mim que tu não me rejeitaste, mas de bom ânimo me retomaste como esposa." Por esses dois motivos é também impelida a alma nobre, porquanto quer partir desta vida como esposa de Deus e quer mostrar como foi agradável a Deus sua atividade terrena. Infelizes e homens sem caráter, vós que quereis partir desta vida antes como Hortênsio do que como Catão! É agradável terminar com o nome deste aquilo que era necessário expor sobre os sinais de nobreza, uma vez que nele a própria nobreza os revela todos para todas as idades.

## Capítulo XXIX

Como o texto mostrou os sinais que distinguem o homem nobre, por meio dos quais se pode reconhecê-lo e sem os quais não se pode, como o sol sem luz e o fogo sem calor, o texto grita, no último trecho que trata de nobreza, para as pessoas: "Vós que me escutais, observai quantos são aqueles que se enganam!" Refere-se àqueles que, por serem de famosas e antigas estirpes e por serem descendentes de antepassados excelentes, acreditam ser nobres, não subsistindo neles qualquer nobreza.

Surgem aqui duas questões que convém responder ao final deste tratado. O senhor Manfredi da Vico[52], ora pretor e prefeito, poderia dizer: "Como cheguei onde estou, invoco a memória e digo que represento meus antepassados que, por sua nobreza, mereceram o encargo da prefeitura, mereceram participar da coroação dos imperados e mereceram receber a rosa do Pastor romano[53]; devo, portanto, receber honras e reverência por parte de todos." Esta é uma das questões. A outra é que aqueles de San Nazzaro de Pavia[54] e aqueles de Piscitelli de Nápoles[55] poderiam dizer: "Se a nobreza é aquilo que foi exposto, isto é, semente divina colocada graciosamente na alma humana, e as descendências ou linhagens não têm alma, como é evidente, nenhuma descendência ou linhagem poderia ser considerada nobre. Ora,

---

(52) Manfredi da Vico, nobre romano, proprietário de castelos e de grandes extensões de terras na região do Lácio.
(53) A rosa de ouro era uma condecoração especial que o Papa concedia a nobres e governantes antes da Semana Santa.
(54) Família nobre, proprietário de grandes extensões de terras em torno de Pavia, ao sul de Milão.
(55) Certamente família nobre da época, mas da qual não se tem notícias precisas.

isto é, contra a opinião daqueles que afirmam que nossas linhagens são nobilíssimas em suas cidades."

À primeira questão responde Juvenal na oitava *Sátira*, quando começa como que exclamando: "De que valem essas honrarias que remontam aos antigos, se aquele que delas quer cobrir-se vive mal? Se aquele que canta e mostra as grandes e maravilhosas obras de seus antepassados se dedica a vis e míseras obras?" Embora diga o mesmo poeta satírico, "quem haveria de considerar nobre pela boa descendência aquele que dessa descendência não é digno? Isso é a mesma coisa que chamar de gigante um anão". Logo depois, diz ao mesmo: "Entre ti e a estátua erigida em memória de teu antepassado não há diferença alguma, a não ser que a cabeça dela é de mármore e a tua vive." Nisto, digo-o com reverência, discordo do poeta, porque a estátua de mármore, de madeira ou de metal que ficou em memória de homem valente diferencia-se em muito no efeito do mau descendente, porque a estátua sempre transmite a boa opinião naqueles que foram informados sobre a fama daquele que a estátua representa e nos demais incute respeito.

O malfadado filho ou neto faz exatamente o contrário, porque torna duvidosa a opinião daqueles que ouviram falar bem de seus antepassados. A dúvida pode ser expressa desse modo: "Não pode ser verdade tudo o que se diz de seus antepassados, porquanto da semente deles surgiu esse tipo de planta que aí está." Não é honra, mas desonra que deve ser tributada àquele que dá mau testemunho aos bons. Por isso Cícero escreve que "o filho de um valente deve procurar dar bom testemunho do pai". A meu ver, assim como alguém que difama um valente deve ser evitado e ignorado, assim também o mau descendente de bons antepassados deve ser abandonado por todos e o homem bom deve fechar os olhos para não contemplar essa vergonha que denigre a bondade que acabou ficando somente na memória. Para a primeira questão levantada, é quanto basta.

Pode-se responder à segunda questão dizendo que uma linhagem não tem alma própria e, na verdade, costuma-se dizer nobre de certa maneira. Deve-se saber que o todo se compõe de suas partes. Há um todo que possui uma essência simples com suas partes, como num homem há uma essência do todo e de cada uma de suas partes. O que se diz de uma parte, do mesmo modo se diz existir no todo. Há outro todo que não tem essência comum com as partes, como um monte de grãos; mas a sua é uma essência secundária, resultante de muitos grãos, os quais possuem em si verdadeira e primeira essência. Nesse próprio todo subsistem as qualidades das partes, assim como o ser. Por essa razão, costuma-se dizer uma massa branca porque os grãos que a compõem são brancos. Na verdade, essa brancura está somente nos grãos, resultando secundariamente em todo o monte e, desse modo, a massa pode ser dita branca. De igual modo, pode-se designar como nobre uma linhagem ou uma descendência. Deve-se saber que, como para constituir uma massa branca é necessário que prevaleçam os grãos brancos, assim também para tornar nobre uma linhagem é necessário que os homens nobres prevaleçam (digo "prevalecer", superar os outros em número), de modo que a bondade com seus gritos obscure e abafe os contrários que nela estão incluídos. Assim como de uma massa branca de grãos poder-se-ia retirar o trigo grão a grão e grão a grão substituir por sorgo vermelho, mudando finalmente a cor da massa, assim também poderiam morrer, um após outro, os bons de uma nobre linhagem e nela nascer os maus, de tal modo que trocaria de nome e não deveria mais ser chamada nobre mas vil. É o que basta como resposta à segunda questão.

# Capítulo XXX

Como foi demonstrado no terceiro capítulo deste tratado, esta canção se divide em três partes principais. Analisadas as duas (a primeira começou no capítulo mencionado e a segunda, no XVI, de modo que a primeira é composta por treze capítulos e a segunda por quatorze, sem o proêmio do tratado da canção que é composto de dois capítulos), neste capítulo XXX e último, convém analisar brevemente a terceira parte que, pelos versos desta canção, foi elaborado como espécie de adorno e começa assim: *Contra-os-errantes minha, tu partirás*. Em primeiro lugar, cumpre saber que todo bom artesão, ao final de se trabalho, deve embelezar e enobrecer sua obra o máximo possível, a fim de que mais célebre e mais precioso dele se afaste. Pretendo fazer aqui a mesma coisa, não como bom artesão, mas como imitador dele.

*Contra-os-errantes minha*. Este *Contra-os-errantes* é uma palavra só e é o título da própria canção, extraído do exemplo do bom frade Tomás de Aquino que, a um de seus livros, escrito para confundir todos aqueles que menosprezam nossa fé, intitulou-o *Contra os Gentios*. Digo depois que "tu partirás", como se dissesse: "Tu és quase perfeita e não é momento de ficar parada, mas de partir, porquanto teu empreendimento é grande." *E quando estiveres no local em que estiver a senhora nossa*, fala-lhe de tua tarefa.

Cumpre notar que, como diz nosso Senhor, não se deve lançar pérolas aos porcos[56] porque para eles de nada servem e, para as margaridas, é prejuízo. E como diz o poeta Esopo na primeira fábula, é mais vantajoso para o galo um grão do que uma pérola; por isso deixa esta e recolhe aquele. Considerando isso, recomendo com cautela à canção que revele sua função onde estiver essa mulher, isto é, a filosofia. Então essa mulher será extremamente nobre quando se encontrar em seu quarto, ou seja, na alma em que reside. A filosofia não se hospeda somente nos sábios, mas também, como foi provado anteriormente em outro tratado, ela está presente onde quer que se hospede o amor por ela. E a esses aconselho que revelem sua tarefa, porque a eles será útil sua proposição, uma vez acolhida por eles.

E digo a ela: Diga a essa mulher, "*Eu vou falando de vossa amiga*". Trata-se de sua amiga nobreza porque uma ama a outra de modo recíproco, uma vez que nobreza é sempre requerida e a filosofia não volve seu dulcíssimo olhar para outro lado. Oh! Como é belo esse adorno que a ela é conferido no final desta canção, chamando-a amiga daquela cuja própria razão reside no mais secreto da mente divina!

---

[56] Evangelho de Mateus, 7, 6.

**Impressão e Acabamento:**
Gráfica Oceano